Coleção Vértice
114

O ESPELHO DOS SALMOS

Meditações

- @editoraquadrante
- @editoraquadrante
- @quadranteeditora
- Quadrante

FRANCISCO FAUS

O ESPELHO DOS SALMOS

Meditações

2ª edição

São Paulo
2024

Copyright © 2019 Quadrante Editora

Capa
Gabriela Haeitmann

Dados Internacionais de Catalogação na Publicação (CIP)
(Câmara Brasileira do Livro, SP, Brasil)

Faus, Francisco

O espelho dos Salmos : meditações / Francisco Faus. – 2ª ed – São Paulo : Quadrante, 2024. (Coleção Vértice; 114)

ISBN: 978-85-7465-624-3

1. Bíblia - Salmos - Meditações 2. Vida cristã 3. Vida espiritual I. Título II. Série

CDD 242.5

Índice para catálogo sistemático:

1. Bíblia : Salmos : Meditações : Literatura devocional : Cristianismo 242.5

Todos os direitos reservados a
QUADRANTE EDITORA
Rua Bernardo da Veiga, 47 - Tel.: 3873-2270
CEP 01252-020 - São Paulo - SP
www.quadrante.com.br / atendimento@quadrante.com.br

Sumário

1. Sede de Deus 11
2. A alegria de amar a Deus 13
3. Maravilhar-se com Deus 17
4. O rochedo que me acolhe 19
5. A verdade no fundo do coração 21
6. Mais branco que a neve 25
7. Se o Senhor não edifica a casa 29
8. Como a criança no colo da mãe 33
    Pedir a lua 35
    Bater à porta 35
    Subir a escada 36
    Escrever juntos 37
    Crianças de borracha 37
    A sabedoria dos pequeninos 38
    Entre os braços da Mãe 39
9. Contar bem os nossos dias 41
10. A armadilha do caçador 47
11. Pisarás sobre leões e dragões 51
12. As lágrimas que Deus guarda 55

13. Como um cavalo sem freio nem rédeas 61
14. Como o pássaro solitário 65
    A autenticidade do exemplo 67
    A compreensão para com todos 68
    O coração aberto à amizade 69
15. Aprender o temor de Deus 71
    O princípio da sabedoria 72
    Temor santo 73
    O temor filial 74
16. Coração insensível como a gordura 77
    Caridade 78
    Castidade 79
    O amor à verdade e à ortodoxia da fé 80
17. Asas para fugir do mal 81
    Fugir das ocasiões de pecado 81
    Fugir da tentação das desculpas 83
    Fugir da autossuficiência do ignorante 84
18. Asas para fugir do bem 85
    Fugir da Cruz de Cristo 85
    Fugir da vocação 87
19. Asas para nos refugiarmos 91
20. Uma coruja entre ruínas 95
    Pareço um pelicano no deserto 96
    Sou como uma coruja entre ruínas 97
21. Unido ao meu Deus saltarei o muro 99
    Fortaleza 101
    Humildade 102
    Perseverança criativa 102
22. Não te irrites: só vai piorar 105
    Coração humilde 106
    Coração compreensivo 106
    Coração paciente 107
23. Não rejeites com ira o teu servo 109
    A ira divina 110
    A ira santa de Jesus 111
    A reação dos homens e mulheres de bem 111

24. Eu era como um jumento diante de ti 115
    O burrico cego 115
    O burrico sábio 117
25. Deus conhece os segredos do coração 121
    As intenções do coração 122
26. Servir com alegria 125
    Servir com alegria 126
    Servir como e em quê? 126
27. Minha alma suspira pelos átrios do Senhor 129
    O altar do coração 130
    Viver na presença de Deus 131
28. Lâmpada para os meus passos 133
    O caminho dos Mandamentos 134
    Seguir a Cristo 134
29. A estrada que eu devo seguir 137
    Vocação para a santidade 138
    Cada caminhante siga seu caminho 139
30. Deus não retirou de mim a oração 141
    Humildade 142
    Sinceridade 143
    Confiança filial 143
31. Brilhe sobre nós a luz da tua face 145
    Faze brilhar sobre nós a tua face 145
    Envia a tua luz e a tua verdade; que elas
    me guiem e me conduzam 147
32. Dilataste o meu coração 149
    O tamanho do coração 149
    O que encolhe o coração? 150
    O coração grande 151
33. Meu coração está pronto 153
    Meu coração está pronto para quê? 154
    A alegria dos corações prontos 154

Parece-me que os Salmos são, para quem os recita, como um espelho onde se contempla a si mesmo e aos movimentos da sua alma.

Santo Atanásio de Alexandria,
Epístola a Marcelino, 12.

1. Sede de Deus

Como a corça anseia pela corrente das águas,
assim anseia por ti a minha alma, meu Deus.
A minha alma tem sede de Deus, do Deus vivo;
quando verei a face de Deus?

Salmo 42, 2-3

A ti estendo as minhas mãos.
Como terra seca, anseio por ti.

Salmo 143, 6-7

Quando, na solidão e no silêncio, conseguimos descer ao fundo de nós mesmos, não poucas vezes experimentamos uma inquietante sensação de sede: «Eu desejo… o que nem sei que desejo, falta-me "algo", algo de essencial; só sei que a minha vida está incompleta…».

Na realidade, trata-se sempre de uma sede de «mais»: sede de mais paz, alegria, amor, beleza, bondade…

– A nossa inteligência tem sede de luz, de verdade eterna;
– O nosso coração tem sede de calor, de amor eterno;
– A nossa vontade tem sede de uma realização que não morra.

Talvez nos aconteça o que Deus dizia ao profeta Jeremias a respeito do seu povo: *Abandonou-me a mim, fonte de água viva, e cavou para si cisternas, cisternas rachadas que não servem para reter as águas* (Jr 2, 13).

Amor pleno? Não, cisternas rachadas.
Luz na alma? Não, dúvidas e neblina.
Alegria? Não, tapumes para encobrir a tristeza...
É uma pena que não percebamos que estamos morrendo de sede perto da fonte.

Sede de Deus. É a que sentia Santo Agostinho, no seu dramático caminho de conversão: «Fizeste-nos, Senhor, para ti e o nosso coração não descansa enquanto não repousar em ti»[1].

Não será que você experimenta a sede amarga de quem construiu a vida fora do seu verdadeiro eixo?

«O homem é capaz de Deus» – assim começa a exposição da fé cristã no *Catecismo da Igreja Católica*. E acrescenta: «O desejo de Deus está inscrito no coração do homem, já que o homem é criado por Deus e para Deus; e Deus não cessa de atrair o homem a si, e somente em Deus o homem há de encontrar a verdade e a felicidade que não cessa de procurar»[2].

Leia uma história tocante de sede e descoberta de águas vivas e eternas. É o episódio do encontro de Jesus com a Samaritana, que São João narra no quarto capítulo do seu Evangelho. Depois de ler e meditar esse texto, você compreenderá por que Santo Agostinho dizia: «Deus tem sede de que nós tenhamos sede dEle»[3]. E tirará as suas consequências[4].

---

(1) *Confissões*, 1, 1.
(2) *Catecismo da Igreja Católica*, n. 27.
(3) Santo Agostinho, *Oitenta e três questões diversas*, 64, 4. Citado em *Catecismo da Igreja Católica*, n. 2560.
(4) Os capítulos deste livro não seguem uma ordem determinada. São meditações, independentes umas das outras, que o leitor pode utilizar lendo em sequência ou escolhendo a cada momento – pelo índice – o tema que julgar mais adequado para fazer um tempo de reflexão e oração.

2. A alegria de amar a Deus

Meu coração e minha carne alegram-se no Deus vivo.

Salmo 84, 3

*Cantando os teus louvores,
os meus lábios exultarão de alegria.*

Salmo 71, 23

Descobrir Deus pela fé, adorá-lO e abraçá-lO pelo amor é uma experiência de alegria indescritível. Não há palavras que possam exprimi-la. São Pedro, ao contemplar a alegria dos primeiros cristãos, que tinham abraçado a fé havia pouco, escrevia-lhes: *Jesus Cristo..., sem o terdes visto, vós o amais; sem o ver ainda crestes nele e isso é para vós fonte de uma alegria inefável e gloriosa* (1 Pd 1, 8).

Na história do cristianismo, há muitíssimos fulgores do júbilo do amor, que refletem a *alegria inefável* do encontro amoroso da alma com Deus, do encontro com Cristo. Que tal se lembrássemos alguns?

A alegria mais bela de todas é a de Nossa Senhora quando, trazendo já Jesus – Deus e homem verdadeiro – no seu seio imaculado, exclamava na casa de Isabel, inundada pela graça do Espírito Santo:

A minha alma engrandece o Senhor,
e o meu espírito exulta de alegria, em Deus, meu Salvador,
porque olhou para a pequenez da sua serva.
Eis que, desde agora,
todas as gerações me proclamarão feliz,
porque realizou em mim coisas grandes
aquele que é poderoso e cujo nome é santo.

Lc 1, 46-49

São Josemaria Escrivá estava rezando na véspera de seu jubileu de ouro sacerdotal, três meses antes de falecer. A oração escapava-lhe em voz alta, diante do sacrário:

Senhor: que eu te procure, que te olhe, que te ame. Olhar é pôr os olhos da alma em Ti, com ânsias de compreender-te, na medida em que – com a tua graça – pode a razão humana chegar a conhecer-te. Conformo-me com essa pequenez. E quando vejo que entendo tão pouco das tuas grandezas, da tua bondade, da tua sabedoria, do teu poder, da tua formosura..., quando vejo que entendo tão pouco, não me entristeço: alegro-me de que sejas tão grande que não caibas no meu pobre coração, na minha miserável cabeça. Meu Deus! Meu Deus!... Ainda que não saiba dizer-te outra coisa, já é bastante. Meu Deus! Toda essa grandeza, todo esse poder, toda essa formosura... minha! E eu... dEle![1]

* * *

Vou acrescentar outro belo testemunho – um entre mil – da alegria do encontro com Deus, mas este precisa de uma pequena explanação para ser compreendido.

Começarei dizendo que, na segunda Guerra Mundial, e

---

(1) *En diálogo con el Señor*, Rialp, Madri, 2017, pág. 422.

2. A ALEGRIA DE AMAR A DEUS

também nas guerras da Coreia e do Vietná, no bolso do uniforme de vários soldados (americanos e outros) mortos em combate foi encontrada a seguinte oração:

> Escuta, Deus, eu nunca falei contigo,
> mas agora quero te dizer: «Como vais?»
> Sabes, Deus, diziam-me que não existias
> e eu, coitado de mim, acreditava.
> Ontem à noite, metido no buraco aberto por uma
>   granada, vi o teu firmamento...;
> então compreendi que tinham mentido para mim...
>
> Deus, gostaria de saber se queres apertar a minha mão.
> Não sei..., mas sinto que me compreenderás.
> Que esquisito! Precisei vir a este lugar infernal
> para contemplar o teu rosto!
> Bem, acho que não tenho muito mais a dizer.
> Só que estou feliz, muito feliz por ter te conhecido.
>
> Bem sabes que esta batalha vai ser qualquer coisa de
>   horroroso
> e, quem sabe, talvez hoje à noite eu chegue à tua casa.
> Embora antes deste momento não fosse teu amigo,
> Deus, gostaria de saber se estarás me esperando à tua
>   porta...
> Mas, se estou chorando, eu, derramando lágrimas!
> Gostaria de te haver conhecido faz muitos, muitos anos...
> Que estranho. Desde que te encontrei já não temo mais a
>   morte...

Consta que, durante essas guerras terríveis, muitos soldados levavam consigo este poema, do qual chegaram a repartir-se milhões de cópias por todo o mundo, inclusive em campos de concentração nazista.

Só Deus sabe a quantos desses jovens soldados o poema-oração encheu de esperança e ajudou a bem morrer, a passar do «inferno» da guerra para a alegria de Deus. Não há dúvida de que podem ter sido muitos.

E agora precisamos lembrar a história dessa bela poesia. Em 1943, uma jovem secretária americana, chamada Frances Angermayer, foi assistir à Missa em sua paróquia no Kansas e ficou impressionada com a presença de muitos jovens soldados uniformizados que, em breve, partiriam para lutar na Segunda Guerra. Muitos deles não voltariam.

Querendo ajudá-los de algum modo, teve a inspiração súbita de redigir esses versos. Catorze anos depois, em crônica para um jornal de Kansas City, ela mesma se espantava de que essa oração singela tivesse tido um eco que jamais sonhara.

Depois de meditar nesses testemunhos sobre a «alegria de Deus» (repito que são uns poucos entre milhares e milhares), você não sente vontade de rezar e de Lhe dizer, com palavras de outro salmo: *Mostra a teu servo a tua face, salva-me na tua bondade* (Sl 31, 17)?

3. Maravilhar-se com Deus

*Vinde e, prostrados, adoremos diante do Senhor que
   nos criou.
Pois Ele é o nosso Deus*

Salmo 95, 6-7

*Feliz o povo que te aclama e caminha, Senhor,
   ao fulgor do teu rosto.
Em teu Nome se alegrarão todos os dias.*

Salmo 89, 16-17

Você já descobriu a alegria de *adorar* a Deus? Não? Então, é que ainda não o «viu», não captou a beleza de seu «rosto».

Acolhamos a pergunta – e a resposta – do Papa Francisco, em 14 de abril de 2013:

> Você e eu adoramos o Senhor? [...] O que significa adorar a Deus? Significa aprender a estar com Ele, demorar-se em diálogo com Ele, sentindo a sua presença como a mais verdadeira, a melhor, a mais importante de todas [...], e dar-lhe o lugar que Ele deve ter[1].

Acreditamos em Deus, mas não ficamos assombrados por Ele existir, não vibramos de felicidade por tê-lO junto de nós, mais ainda, dentro da nossa alma (pois a Trindade habita na alma em graça do cristão!). É incrível...!

---

(1) *Homilia*, 14.03.2013.

Melhor dizendo..., é crível. Porque O conhecemos pouco, porque não O «descobrimos» ainda, porque fazemos teorias em vez de deixar-nos inundar por sua Luz e por seu Amor, porque ignoramos o que é ter intimidade com Ele.

«Adorar a Deus», lembra o *Catecismo da Igreja Católica*, «é reconhecê-lo [...] como Deus, como o Criador e o Salvador, o Senhor e o Mestre de tudo o que existe, o Amor infinito e misericordioso» (n. 2096).

Vamos, então! Procure-O com todo o seu coração. Leia e medite a Bíblia, sobretudo os Evangelhos. Reze, ainda que ache que o faz sem fé e que não sente nada. Peça mais fé, como os Apóstolos – *Aumenta-nos a fé!* – e nunca esqueça o que Jesus disse na Última Ceia: *Quem me vê, vê o Pai* (Jo 14, 9). Quem contempla a vida de Jesus, meditando e orando, acaba «descobrindo» Deus.

Só aquele que procura Deus com todo o coração compreende o que Santa Isabel da Trindade anotava no seu último retiro: «A adoração! Ah! É uma palavra do Céu. Parece-me que se poderia definir assim: o êxtase do amor. É o amor esmagado pela beleza, a força, a imensa grandeza de Deus, o Objeto amado»[2].

Não demore em procurá-lO... Tomara que, mesmo que o faça com muito atraso, possa ter a felicidade de dizer um dia, como Santo Agostinho:

> Tarde te amei, ó beleza tão antiga e tão nova, tarde te amei! [...] Chamaste, clamaste e rompeste a minha surdez; brilhaste, resplandeceste, e a tua luz afugentou a minha cegueira; exalaste o teu perfume e respirei, suspirei por ti; saboreei-te, e agora tenho fome e sede de ti; Tu me tocaste, e agora estou ardendo no desejo da tua paz[3].

---

(2) Santa Isabel da Trindade, «Último retiro de *Laudem Gloriae*: oitavo dia». *Souvenirs*, 5ª edição, Carmelo de Dijon, 1913, pág. 284.
(3) *Confissões*, 10, 27.

4. O rochedo que me acolhe

Tirou-me do poço mortal,
 do barro do pântano,
 colocou meus pés sobre a rocha,
 deu segurança a meus passos.

Salmo 40, 3

Senhor, tira-me do lodo para que eu não afunde.
 Que a correnteza não me arraste,
 que o pântano não me devore,
 e o abismo não feche a sua boca sobre mim.

Salmo 69, 15-16

Você não se achou alguma vez com a sensação de que estava caminhando para um precipício, de que se afundava num brejo prestes a engoli-lo?

Todos, mais o menos, temos a experiência da precariedade das coisas desta vida: são frágeis os sonhos, as realizações, as conquistas, as pessoas, as esperanças...Por isso, talvez sem palavras a nossa alma tenha suplicado:

Senhor, inclina para mim o teu ouvido,
 vem depressa livrar-me.
 Sê para mim o rochedo que me acolhe, refúgio seguro
 para a minha salvação.

Sl 31, 3

Onde apoiar-nos, senão em Deus, na hora em que tudo cambaleia e parece que vai naufragar? A família entra em crise, as finanças consistem em dívidas, a sombra de uma doença faz pairar o espectro da morte... Onde vamos nos apoiar?

É natural que procuremos as soluções humanas adequadas, desde o aconselhamento psicológico e o tratamento médico, até a procura de um novo emprego ou um novo encaminhamento profissional. Mas mesmo quando, com a ajuda de Deus, essas soluções humanas resolvem ou minoram alguns dos problemas, nem por isso sentimos que temos os pés assentados na *rocha que dá segurança aos meus passos.*

Só Jesus pode nos mostrar o verdadeiro rochedo:

> *Quem ouve as minhas palavras e as põe em prática é como um homem sensato, que construiu a sua casa sobre a rocha. Caiu a chuva, vieram as enchentes, os ventos deram contra a casa, mas a casa não desabou, porque estava construída sobre a rocha* (Mt 7, 24-25).

A rocha é a fé em Jesus Cristo. Somente aquele que acolhe a sua palavra e a luminosidade dos seus ensinamentos, experimenta a verdade desta afirmação: *Eu sou a luz do mundo. Quem me segue não caminha nas trevas, mas terá a luz da vida* (Jo 8, 12).

Leve isso a sério! Experimente! Você verá como, pouco a pouco, a fé *cultivada* e *vivida* vai aumentando, a esperança desabrocha e o amor amadurece. Acima de todos os problemas, fé, esperança e amor farão bater seu coração com sangue novo, que infundirá vitalidade aos pensamentos, projetos e ações. Experimente, insisto, pois só assim «verá».

Quando você aprender a edificar assim a *casa sobre a rocha*, seu coração dirá: *O Senhor colocou os meus pés sobre a rocha, deu segurança aos meus passos. Fez-me cantar um canto novo, um louvor ao nosso Deus* (Sl 40, 3-4).

5. A verdade no fundo do coração

Deus ama a verdade no fundo do coração.
Salmo 51, 8

Deus ama a verdade, a verdade íntima do meu coração. Será que eu conheço essa «verdade»? Será que vejo mesmo o que há de bom e de ruim dentro de mim?

Quem é que desceu alguma vez até o *fundo do coração*? Ninguém. Nem você, nem eu, pois ninguém conhece bem a si mesmo. Somente Deus: *Ele sonda o abismo e o coração humano, e penetra os seus pensamentos mais sutis* (Eclo 42, 18).

As trevas não são escuras para Ti,
e a noite é clara como o dia.
Sl 139, 12

Vamos pedir agora mesmo: «Senhor, Tu que és a Luz e me vês como sou, faz com que o meu olhar interior coincida cada vez mais com o teu! Só assim viverei na verdade, e a *verdade me libertará*» (cf. Jo 8, 32); me livrará das mentiras, dos porões escuros da consciência, das aparências, das armadilhas traiçoeiras do orgulho e da vaidade, das emoções egoístas maquiadas de bondade.

O *Catecismo da Igreja* é um tesouro de luzes para o cristão. Na quarta parte, dedicada à oração, trata da oração mental, vivida como um diálogo de tu a Tu com Deus, e diz:

> Entrar em oração é recolher todo o nosso ser sob a moção do Espírito Santo, entrar na presença de Deus que nos espera, fazer cair as nossas máscaras e voltar o nosso coração para o Senhor que nos ama[1].

Só por meio de um diálogo silencioso, íntimo e franco, com o Deus que nos ama é que podemos dissipar as brumas que deixam o coração confuso. Só por meio de um diálogo sincero e constante com Ele poderemos conseguir que *caiam as nossas máscaras*, e teremos então a alma limpa para olhar o rosto de Cristo. *Os puros de coração verão a Deus* (Mt 5, 8); e também verão a si mesmos na alma transparente, porque purificada.

Que máscaras deveríamos arrancar e jogar fora? Muitas. Que o Espírito Santo nos ajude a perceber como nos enganamos ao dizer frases como estas:

– «Não posso», que é máscara do «Não quero»;
– «Não me interessa», máscara do «Prefiro não enfrentar a verdade»;
– «Tolice!», máscara do «Não estou disposto a mudar»;
– «Não acredito», máscara do «Não quero arcar com as consequências do conhecimento profundo da verdade cristã»;
– «Não dá mais para continuar com o meu casamento», que, traduzido, quer dizer: «Quero o amor fácil e egoísta, não aquele que pede mais paciência, mais compreensão, mais atenção, mais dedicação, mais ajuda mútua, mais oração».

Pense que a Deus ninguém engana. A nós mesmos, sim, nos enganamos muitas vezes. São Paulo falava forte: *Não vos iludais, de Deus não se zomba* (Gl 6, 7).

---

(1) Cf. *Catecismo da Igreja Católica*, n. 2711.

5. A VERDADE NO FUNDO DO CORAÇÃO

Eu posso me esconder de Deus, como Adão tentou fazê-lo atrás das moitas do Paraíso. Mas Ele me vê, Ele me chama pelo meu nome. Assim como buscou Adão, porque o amava (cf. Gn 3, 8-9), busca-me a mim e me buscará – nos buscará – sempre, porque nos ama: *Senhor, Tu me examinas e me conheces, penetras de longe os meus pensamentos, sabes todos os meus passos* (Sl 139, 1).

O Senhor que [...] pede que nos convertamos não é um Dominador tirânico, nem um Juiz rígido e implacável: é nosso Pai. Fala-nos dos nossos pecados, dos nossos erros, da nossa falta de generosidade; mas é para nos livrar de tudo isso, para nos prometer a sua amizade e o seu amor[2].

Procuremos sem medo a verdade no fundo do coração, lutemos por admiti-la; e confiemos no amor com que Ele nos ajuda a ser sinceros, ao mesmo tempo que nos estende a sua mão para vivermos seguindo o seu caminho.

Confia sempre nele, diante dele derrama o teu coração (Sl 62, 9), porque *o Senhor está perto de todos os que o invocam, dos que o invocam com coração sincero* (Sl 145, 18).

---

(2) São Josemaria Escrivá, *É Cristo que passa*, 5ª edição, Quadrante, São Paulo, 2018, n. 64.

6. Mais branco que a neve

Lava-me de toda a minha culpa,
e purifica-me do meu pecado.
Lava-me e ficarei mais branco que a neve.

Salmo 51, 4.9

A nossa alma é como um quadro que combina luzes e sombras. Num bom quadro, as sombras fazem parte da beleza da obra e a ressaltam. Há, porém, outras sombras que deterioram ou encobrem essa beleza.

É o que aconteceu com a Capela Sistina. Com a passagem dos séculos, as cores dessa esplêndida criação de Michelangelo foram ficando obscurecidas. A fuligem das velas, a poeira, a umidade, a oxidação, embaçaram e escureceram de tal maneira a pintura que a desfiguraram. Quando os afrescos foram restaurados, nos tempos de São João Paulo II, o mundo pôde deslumbrar-se com o esplendor original das cores da obra desse gênio do Renascimento.

A alma também tem suas luzes e sombras: tem a beleza de Deus que a criou à sua imagem e semelhança, e a sujeira que os nossos pecados depositam nela: «Pequei muitas vezes por pensamentos e palavras, atos e omissões», dizemos na liturgia da Missa.

É uma fuligem que tem várias tonalidades. O denominador comum de todas elas se chama egoísmo. E a gama das tonalidades é esta: soberba, avareza, luxúria, ira, gula, inveja e preguiça, ou seja, os sete pecados capitais.

Não conseguimos lavar-nos sozinhos dos nossos pecados. Deus misericordioso, sim, pode nos purificar com seu Amor. Para isso seu Filho veio até nós. Jesus morreu na cruz para «restaurar» a semelhança de Deus em nós, destruída ou desfigurada pelo pecado.

Impressionam as palavras que São João coloca bem no começo do Apocalipse: Jesus – diz – é *aquele que nos ama e que, com o seu sangue, nos lavou dos nossos pecados* (Ap 1, 5). São Paulo vive na certeza dessa mesma fé: *Fostes resgatados, e por um peço muito alto!* (1 Cor 6, 20) E São Pedro: *Fostes resgatados... não a preço de coisas corruptíveis, prata e ouro, mas pelo sangue precioso de Cristo* (1 Pd 1, 18).

Os salmos expressam de diversas maneiras o anseio de purificação do homem pecador, que somos todos nós:

> *Ó Deus, tem piedade de mim, conforme a tua*
> *misericórdia:*
> *no teu grande amor cancela o meu pecado.*
> *Lava-me de toda a minha culpa*
> *e purifica-me de meu pecado.*
> *Fiz o que é mau aos teus olhos.*
> *Não me rejeites da tua presença*
> *e não me prives do teu Santo Espírito.*
>
> Sl 51, 3-4.6.13

Deus, por meio do sacrifício da Cruz, abriu as comportas do perdão e da graça do Espírito Santo para todos. Primeiro, pelo sacramento do Batismo; depois de batizados, pelo sacramento da Reconciliação, a Confissão. É como uma fonte copiosa e limpa, oferecida a todos, desde que lhe abramos a porta com o coração arrependido.

Santo Ambrósio, o bispo que acolheu Santo Agostinho na Igreja Católica, dizia: «Feliz aquele a cuja porta Cristo bate... Se teu coração dorme, Ele se afasta antes de bater; se teu coração está vigilante, Ele bate e pede que lhe abramos a porta»[1].

Quais são as boas disposições de um coração que abre a porta? Medite nas seguintes palavras do Salmo 51 – o salmo penitencial por excelência –, que transcrevo a seguir:

> *Tem piedade de mim...*
> *Reconheço a minha iniquidade,*
>   *e o meu o pecado está sempre diante de mim.*
> *Cria em mim, Deus, um coração puro,*
>   *renova em mim um espírito resoluto.*
> *Devolve-me a alegria de ser salvo,*
>   *que me sustente um ânimo generoso.*
> *Não desprezas, ó Deus, um coração contrito e*
>   *humilhado.*
> *Senhor, abre os meus lábios, e minha boca proclame o*
>   *teu louvor.*

Percebe? O rei David, arrependido depois do seu crime, enumera nesse salmo as disposições com que também hoje devemos nos aproximar da Confissão.

Primeiro, a sinceridade de *reconhecer e acusar cada um dos nossos pecados*, sem medo nem disfarces. Não nos aconteça o que dizem outros salmos-espelho: *Não entendem, não querem entender, caminham no escuro* (Sl 82, 5). Por quê? Porque *minhas culpas me tiranizam e não posso mais ver* (Sl 14, 13). Jesus alerta-nos sobre esse perigo: *Todo aquele que faz o mal odeia a luz e não se aproxima da luz, para não serem postas a descoberto as suas obras* (Jo 3, 20).

Depois, termos *contrição sincera*, ou seja, dor de amor por ter ofendido a Deus. *Tem piedade de mim... Contra ti pequei... Cria em mim, ó Deus, um coração puro... Não desprezas um coração contrito e humilhado.*

---

(1) *Explicação do Salmo 118*, 12, 14.

Junto disso, o *propósito firme de retificar* os erros confessados: *Renova em mim um espírito resoluto..., que me sustente um ânimo generoso.*

E, finalmente, ter um *agradecimento* alegre e uma *confiança* plena na misericórdia do nosso Deus que perdoa. *Senhor, abre os meus lábios, e minha boca proclame o teu louvor.*

Meditando nisso, como não vamos amar a fonte de perdão e de paz que Cristo fez brotar na sua Igreja com o sacramento da Reconciliação? Como não vamos recorrer com mais frequência à Confissão, esse manancial de renovação e de alegria?

Demos graças a Deus com os sentimentos que expressa o Salmo 103:

> *Minha alma, bendize o Senhor*
>   *e não esqueças nenhum dos seus benefícios.*
> *É ele quem perdoa todas as tuas culpas,*
>   *que cura todas as tuas doenças.*
> *Ele te coroa com sua bondade e sua misericórdia;*
> *é ele que pela vida afora te cumula de bens;*
>   *e a tua juventude se renova como a da águia.*

7. Se o Senhor não edifica a casa...

Se o Senhor não edificar a casa,
  é inútil que trabalhem os que a constroem.
Se o Senhor não guarda a cidade,
  em vão vigia a sentinela.

Salmo 127, 1

Porque tu és, ó Deus, a minha fortaleza.

Salmo 43, 2

Esses versículos são um facho de luz. Eles nos transmitem uma verdade fundamental, que todos os santos compreenderam e experimentaram. Sem a graça de Deus, não podemos conseguir nenhum bem sobrenatural, nada que tenha valor cristão.

São Paulo, depois da conversão, olhava para trás e considerava que, antes de que Cristo o *conquistasse*, ele era *como um aborto*, pois nem sequer «vivia», não tinha renascido ainda pelo batismo (cf. 1 Cor 15, 8).

Uma vez convertido, pelo contrário, exclamava: *Para mim o viver é Cristo! Não sou eu que vivo, é Cristo que vive em mim!* (Gl 2, 20; cf. Fl 1, 21).

Firme nessa convicção, dava graças a Deus com belas palavras que talvez alguns não entendam bem. Falando aos fiéis de Corinto das aparições de Jesus ressuscitado, dizia: *Por último, apareceu também a mim, que sou como um aborto. Pois eu sou o menor dos apóstolos, que nem mereço o nome de apóstolo, pois persegui a Igreja de Deus. É pela graça de Deus que sou o que sou* (1 Cor 15, 8-10).

É um grande ato de humildade. Mas logo depois dessa confissão humilde, acrescenta: *E a graça que Deus reservou para mim não foi estéril; a prova disso é que tenho trabalhado mais do que todos eles.*

Como se entende isso? Não é vanglória? Diz que é *o menor dos apóstolos* e, ao mesmo tempo, afirma ter *trabalhado mais do que todos eles.*

Não há contradição. Essa afirmação é tão humilde quanto a primeira, por duas razões: primeiro, porque a humildade é a verdade, e Deus se serviu de Paulo para converter milhares de almas em muitos lugares; depois porque reconhece que foi Deus quem lhe concedeu essa eficácia assombrosa: *Tenho trabalhado mais do que todos eles, não propriamente eu, mas a graça de Deus comigo.*

Ele nos ensina que, na vida cristã, deve haver sempre uma «simbiose» entre duas virtudes:

– Humildade. «Eu, só com minhas forças, sem a graça de Deus, nada conseguirei».
– Confiança. «Com a graça divina, meu "nada" poderá "tudo"».

Humildade e confiança. Humildade e coração grande, cheio de esperança.

Depois disso, pense um pouco e verá que o que esteriliza a nossa vida de filhos de Deus é a autossuficiência arrogante: «Com a minha cabeça, com os meus planos, com a minha força de vontade, com o meu esforço, eu vou conseguir». Esquecemos que Deus *resiste aos soberbos, mas dá a sua graça aos humildes* (1 Pd 5, 5).

São Paulo, antes de ser *conquistado por Cristo* (Fl 3, 12) experimentou o sofrimento da alma privada da graça divina: *Não faço o bem que quero, mas faço o mal que não quero. Infeliz que eu sou! Quem me libertará deste corpo de morte? Graças sejam dadas a Deus por Jesus Cristo nosso Senhor!* (Rm 7, 19.24-25).

Depois de se ter *revestido de Cristo*, pelo Batismo, e de ter recebido o Espírito Santo, a perspectiva mudou cento e oitenta graus: *Posso tudo naquele que me dá forças* (Fil 4, 13).

Quando captamos pela fé essas verdades, Deus cria em nós as «asas» de duas certezas indiscutíveis. A primeira delas é: sem estarmos unidos a Deus, sem recorrer às fontes da graça (os Sacramentos, a oração, a mortificação, as virtudes), a nossa vida cristã é um terreno baldio. *Sem mim, nada podeis fazer*, disse Jesus depois de ter comparado a si mesmo com a videira, que envia aos ramos a seiva que lhes dá vida e fruto (Jo 15, 1-8).

A segunda certeza desse par de asas é a consciência de que, com a «seiva» divina, com a graça, você nunca pode cair no pessimismo. Jamais deve admitir pensamentos como estes: «não consigo», «não posso», «já tentei», «caio nos mesmos pecados uma e outra vez», «mesmo que me confesse vinte vezes não me corrijo», etc.

Confie! Ponha todo o seu esforço e boa vontade nas mãos de Jesus, e não desista de alcançar as virtudes, mesmo que demore muitos anos. Com a esperança em Deus, nunca pare de correr em direção à meta da santidade. Você tudo poderá naquele que nos dá forças (cf. Fl 3, 13-14 e 4, 13).

«Não desanimes», escreve o Papa Francisco, «porque tens a força do Espírito Santo para tornar possível a santidade e, no fundo, esta é o fruto do Espírito Santo na tua vida (cf. Gl 5, 22-23). Quando sentires a tentação de te enredares na tua fragilidade, levanta os olhos para o Crucificado e dize-Lhe: "Senhor, sou um miserável! Mas vós podeis realizar o milagre de me tornar um pouco melhor". Na Igreja, santa e formada por pecadores, encontrarás tudo o que precisas para crescer rumo à santidade»[1].

> *O Senhor ampara todos os que caem*
> *e reergue todos os combalidos.*
> *Os olhos de todos em ti esperam.*
> Sl 145, 14-15.

---

(1) Exortação Apostólica *Gaudete et exsultate*, n. 13.

8. Como a criança no colo da mãe

Senhor, meu coração não se orgulha
e meu olhar não é soberbo.
Eu me acalmo e tranquilizo
como criança desmamada no colo da mãe,
como uma criancinha é a minha alma.

Salmo 131, 1-2

Ao escrever essas palavras, o salmista sente-se em paz, porque confia no amor de Deus como um bebê que adormece aconchegado pelo carinho da mãe. E nós igualmente podemos confiar tanto ou mais do que ele, porque Deus nos prometeu um amor maior que o de todas as mães:

Ainda que o pai e a mãe me abandonarem,
o Senhor me acolherá.

(Sl 27, 10)

Sobre os joelhos sereis acariciados. Qual mãe que acaricia os filhos, assim vou dar-vos meu carinho (Is 66, 12-13), prometeu o Senhor. Deus levou essa promessa de amor ao ápice com a vinda de Cristo. O apóstolo Paulo, como vimos, experimentou intensamente a segurança de confiar em Deus e em sua graça, e por isso escreveu aos romanos, como quem explica uma coisa óbvia: *Deus, que não poupou seu próprio Filho, mas o entregou*

por todos nós, como é que, com ele, não nos dará tudo? (Rm 8, 31-
-32). São João, por sua vez, não acabava de maravilhar-se com
a maior mostra de amor que Deus nos deu, o *poder* de nos tor-
narmos seus filhos (cf. Jo 1, 12). Já entrado em anos, escrevia
aos primeiros cristãos: *Vede com que amor nos amou o Pai, ao
querer que fôssemos chamados filhos de Deus. E nós o somos!* (1
Jo 3, 1)

Seremos bons cristãos na medida em que a nossa alma ficar
impregnada do sentido da nossa filiação divina: de um amor
filial a Deus, confiante, abandonado e agradecido, capaz de ex-
clamar em todo momento, como São João: *Nós conhecemos o
amor de Deus e acreditamos nele!* (1 Jo 4, 16).

A melhor maneira de viver esse amor filial é esforçar-nos por
pensar, sentir e agir *como filhos muito amados* (Ef 5, 1); melhor
ainda se nos relacionamos com Deus como filhos pequenos,
como crianças simples e humildes que acreditam no carinho
inabalável do Pai (pense no pai do filho pródigo); que confiam
nEle e se deixam amar, e que, por isso mesmo, se deixam cuidar
e guiar pelo Pai com alegria.

Certa vez os discípulos perguntaram a Jesus: *Quem é o maior
no Reino dos Céus?* O Senhor deu-lhes a resposta com um gesto
e umas palavras:

> *Jesus chamou um menino, colocou-o no meio deles e dis-
> se: «Em verdade vos digo, se não vos converterdes e tornardes
> como crianças, não entrareis no Reino dos Céus. Quem se faz
> pequeno como esta criança, esse é o maior no Reino dos Céus*
> (Mt 18, 1-4).

Isso é poesia? Não. «Não é ingenuidade, mas forte e sólida
vida cristã»[1], que só podemos viver se nos deixamos conduzir
pelo Espírito Santo, como diz São Paulo (cf. Rm 8, 14).

---

(1) Cf. São Josemaria Escrivá, *Caminho*, 11ª edição, Quadrante, São Paulo,
2016, ns. 852-853.

Grandes santos aprofundaram maravilhosamente nesse espírito de infância espiritual. Foi este o *pequeno caminho* que Deus inspirou a Santa Teresinha e que tem suscitado tantos frutos na Igreja[2]. É também um caminho feliz pelo qual Deus guiou São Josemaria até as alturas de santidade no meio dos trabalhos e deveres cotidianos.

Penso que, para esta meditação, poderão ajudar-nos alguns traços do espírito de infância que São Josemaria praticou e ensinou. São os que eu pude contemplar nele pessoalmente, e entendi que eram lições que convinha guardar. Vamos, pois, ver um pequeno caleidoscópio dessas luzes da infância espiritual.

Pedir a lua

«Ser pequeno. As grandes audácias são sempre das crianças. – Quem pede a lua?...»[3].

A alma de criança sabe sonhar, sabe pedir a lua e as estrelas. Por outras palavras, o filho de Deus que se faz criança diante de Nosso Senhor sabe ter sempre grandes metas e grandes ideais, e não desiste delas por ver-se pequeno e incapaz. Nunca se sente fracassado. Você já imaginou uma coisa mais ridícula que um garotinho dizendo «eu sou um fracassado»? Nos braços do Pai, pode chegar a «tocar o Céu com a mão».

Bater à porta

Perseverar. – Uma criança que bate a uma porta, bate uma e duas vezes, e muitas vezes..., com força e demora-

---

(2) Sobre este tema, cf. Santa Teresa de Lisieux, *A «pequena via» para Deus*, 2ª edição, Quadrante, São Paulo, 2018.
(3) *Caminho*, n. 857.

damente, sem se envergonhar! E quem vai abrir, ofendido, é desarmado pela simplicidade da criaturinha inoportuna... – Assim tu com Deus[4].

Se formos humildes, confiantes e agradecidos, saberemos pedir e obter o que precisamos sem nos cansar, tal como Jesus nos ensinou: *Convém orar sempre e não desfalecer. Se vós, maus como sois, sabeis dar coisas boas aos vossos filhos, quanto mais o Pai do Céu dará o Espírito Santo àqueles que lhe pedirem* (Lc 18, 1; 11, 13).

Subir a escada

Uma comparação de que Santa Teresinha gostava, e que São Josemaria explanava poeticamente:

Manifestemos a Jesus que somos crianças. E as crianças, as crianças pequeninas e simples, quanto não sofrem para subir um degrau! Parece que estão ali perdendo o tempo. Finalmente, subiram. Agora, outro degrau. Com as mãos e os pés, e com o impulso de todo o corpo, conseguem um novo triunfo: mais um degrau. E volta a começar. Que esforços! Já faltam poucos..., mas então um tropeço... e zás!... lá em baixo. Toda machucada, inundada de lágrimas, a pobre criança começa, recomeça a subida.

Assim nós, Jesus, quando estamos sós. Toma-nos Tu em teus braços amáveis, como um Amigo grande e bom da criança simples; não nos soltes até que estejamos lá em cima; e então – oh, então! – saberemos corresponder ao teu Amor Misericordioso, com audácias infantis, dizendo-te, doce Senhor, que, a não ser Maria e José, não houve nem

---

(4) *Caminho*, n. 893.

haverá mortal algum – e os tem havido muito loucos – que te ame como eu te amo[5].

Escrever juntos

Quando queres fazer as coisas bem, muito bem, é que as fazes pior. – Humilha-te diante de Jesus, dizendo-lhe:
– Viste como faço tudo mal? Pois olha: se não me ajudas muito, ainda farei pior!
Tem compaixão do teu menino; olha que quero escrever todos os dias uma página grande no livro da minha vida... Mas sou tão rude!, que se o Mestre não me pega na mão, em vez de letras esbeltas, saem da minha pena coisas tortas e borrões, que não se podem mostrar a ninguém.
De agora em diante, Jesus, escreveremos sempre juntos os dois[6].

Crianças de borracha

Se bem repararmos, existe uma grande diferença entre uma criança e uma pessoa mais velha, quando caem. Para as crianças, a queda geralmente não tem importância: tropeçam com tanta frequência! E, se por acaso lhes escapam umas lágrimas grandes, o pai explica-lhes: Os homens não choram. Assim se encerra o incidente, com o garoto empenhado em contentar o pai. [...]
Na vida interior, a todos nos convém ser *quasi modo geniti infantes*, como crianças recém-nascidas, como esses pequeninos que parecem de borracha, que até se divertem

---

(5) *Forja*, 4ª edição, Quadrante, São Paulo, 2016, n. 346.
(6) *Caminho*, n. 882.

com os seus tombos, porque logo se põem de pé e continuam com as suas correrias; e porque também não lhes falta – quando é necessário – o consolo de seus pais.

Se procurarmos comportar-nos como eles, os tropeções e os fracassos na vida interior – aliás, inevitáveis – nunca desembocarão na amargura. Reagiremos com dor, mas sem desânimo e com um sorriso que brota, como água límpida, da alegria da nossa condição de filhos desse Amor, dessa grandeza, dessa sabedoria infinita, dessa misericórdia que é o nosso Pai[7].

A sabedoria dos pequeninos

Há umas palavras de Jesus que tocam o coração: *Bendigo-te, ó Pai, Senhor do Céu e da terra, porque escondeste estas coisas aos sábios e aos inteligentes e as revelaste aos pequeninos* (Mt 11, 25). Quantas vezes pessoas simples, velhinhas fiéis e devotas que mal sabem ler, entendem mais das grandezas de Deus do que alguns teólogos sem fé nem amor.

Há um saber – dizia São Josemaria – a que só se chega com santidade: e há almas obscuras, ignoradas, profundamente humildes, sacrificadas, santas, com um sentido sobrenatural maravilhoso [...]. Um sentido sobrenatural que não raramente falta nas disquisições arrogantes de pretensos sábios [...]. *Disparataram nos seus pensamentos, e o seu coração insensato ficou cheio de trevas* (Rm 1, 21-22); e enquanto se jactavam de ser sábios, acabaram em néscios[8].

---

(7) São Josemaria, *Amigos de Deus*, 4ª edição, Quadrante, São Paulo, 2018, n. 146.
(8) *En diálogo con el Señor*, pág. 354.

8. COMO A CRIANÇA NO COLO DA MÃE

Entre os braços da Mãe

Não estás só. – Aceita com alegria a tribulação. – Não sentes na tua mão, pobre criança, a mão da tua Mãe: é verdade. – Mas... não tens visto as mães da terra, de braços estendidos, seguirem os seus meninos quando se aventuram, temerosos, a dar os primeiros passos sem ajuda de ninguém? – Não estás só; Maria está junto de ti[9].

---

(9) *Caminho*, n. 900.

9. Contar bem os nossos dias

*Ensina-nos a bem contar os nossos dias,
para que alcancemos a sabedoria do coração.*

Salmo 90, 12

Deus fala-nos do valor do tempo para a realização da nossa vocação e da nossa missão no mundo. Você sabe que, para Deus, nenhum de nós é um simples número, para Ele todos somos «filho único». *Assim diz o Senhor, aquele que te criou: Chamei-te pelo teu nome. Tu és meu* (Is 43, 1-2).

Jesus nos diz: *Fui eu que vos escolhi e vos destinei para irdes e dardes fruto* (Jo 15, 16). Senhor, que queres de mim? Que fruto esperas? *Que queres que eu faça?* (At 22, 10)

Cada dia da nossa vida é como a página de um livro em branco, *o livro da vida* (cf. Ap 3, 5). As páginas são contadas por Deus desde toda a eternidade. Sabemos qual foi a primeira, mas não qual será a última. Jesus nos alerta: *Portanto vigiai, porque não sabeis o dia nem a hora* (Mt 25, 13). Cada dia é precioso.

Nos dias da nossa vida:

– Podemos deixar muitas páginas vazias ou meio vazias, perdidas;

– Podemos deixar páginas que nos envergonham, capítulos infelizes que almejaríamos não ter escrito nunca;

— Ou páginas que arrancam dos lábios de Cristo um sorriso e umas palavras: *Muito bem, servidor bom e fiel, entra na alegria do teu Senhor* (Mt 25, 21).

Talvez você tenha lido ou ouvido contar a resposta de um padre muito ancião, com fama de santo, aos que lhe perguntavam «Quantos anos o senhor tem?»: «Pouquinhos», respondia, «os que aproveitei para servir Nosso Senhor».

Se você e eu nos puséssemos a fazer agora a conta certa dos nossos dias, quantos deles diríamos que realmente «aproveitamos»?

> *Deus, tu és o meu Deus, desde a aurora te procuro.*
> *No meu leito te recordo, penso em ti nas vigílias*
> *noturnas.*
>
> Sl 63, 1.7

> *Já de manhã ouves a minha voz, bem cedo te invoco.*
>
> Sl 5, 4

O bom filho de Deus adormece pensando em Deus e amanhece procurando a companhia dEle para o dia que se inicia.

Você tem o costume de rezar à noite por algum tempo, pelo menos uns minutos? Você agradece o dia que acaba, pede perdão pelas faltas que o mancharam e se propõe viver o novo dia como Deus espera?

Você reza de manhã, ao acordar? Oferece a Deus tudo o que vai fazer? Você pede ao Senhor que, junto com Maria e o seu Santo Anjo, o acompanhe em cada minuto do dia que começa?

Como nos ajuda a «viver», a não «perder» o dia, acordar na hora certa, sem nos deixarmos dominar pela preguiça. «Vence-te em cada dia desde o primeiro momento, levantando-te pontualmente a uma hora fixa, sem conceder um só minuto à preguiça. Se, com a ajuda de Deus, te venceres, muito terás adiantado para o resto do dia. Desmoraliza tanto sentir-se vencido na primeira escaramuça!»[1]

Tendo começado bem, o dia se encaminha bem. Experimente e verá que você tem mais facilidade para enfrentar com ânimo o dever de cada momento, com uma ordem e uns horários bem pensados (e, às vezes, anotados), e se convencerá da importância do que diz o livro *Caminho*: «Queres de verdade ser santo? – Cumpre o pequeno dever de cada momento; faz o que deves e está no que fazes»[2].

Medite o que escreveu o Bem-aventurado bispo vietnamita François-Xavier Nguyen Van Thûan, evocando o tempo em que esteve preso pelo governo comunista:

> Durante as longas noites na prisão, dou-me conta de que viver o momento presente é o caminho mais simples e mais seguro para a santidade. Desta certeza nasce uma oração: «Jesus, eu não esperarei; vivo o momento presente, enchendo-o de amor». A linha reta é feita por uma sucessão de milhões de pequeninos pontos unidos uns aos outros.
>
> Dispondo perfeitamente cada ponto, a linha será reta. Vivendo com perfeição cada minuto, a vida será santa[3].

Você sabe o que é que torna santos os nossos dias, até mesmo os menores atos deles? É o amor, o amor a Deus e aos nossos irmãos: «Fazei tudo por Amor. – Assim não há coisas pequenas: tudo é grande. – A perseverança nas pequenas coisas, por Amor, é heroísmo»[4]. Se você capricha nos pequenos deveres e pensa «não faria assim, se não fosse por Deus; não faria assim

---

(1) *Caminho*, n. 191.
(2) *Idem*, n. 815.
(3) *Testemunhas da esperança*, 8ª edição, Cidade Nova, São Paulo, 2018, pág. 62.
(4) *Caminho*, n. 813.

se não fosse para ajudar e alegrar aquela pessoa», então, você fez por amor e está se santificando.

> *Como a erva são os dias do homem,*
> *ele floresce como a flor do campo;*
> *basta que sopre o vento e desaparece,*
> *e o lugar que ocupava não voltará a vê-la.*
>
> Sl 103, 15-16

> *Acabam nossos anos como um sopro.*
>
> Sl 90, 9

A palavra de Deus nos exorta constantemente a tomar consciência da brevidade da vida. É como um clarim de alerta que nos diz: «Estás caminhando para o encontro definitivo com Deus, vale a pena caminhar bem, para que esse encontro seja o que deve ser para o cristão: o abraço eterno do Amor, o abraço da Santíssima Trindade para sempre».

Sim, vale a pena viver preparados, pensando nessa meta final, que é maravilhosa, mas que nós podemos frustrar. São Paulo tinha a «sabedoria do coração» de que falávamos antes. Por isso, exortava assim os efésios:

> *Portanto, ficai bem atentos à vossa maneira de proceder. Procedei não como insensatos, mas como prudentes, que aproveitam bem o tempo presente, pois estes dias são maus. Não sejais sem juízo, mas procurai discernir bem qual é a vontade do Senhor* (Ef 5, 15-17).

Quem é que se prepara bem para o encontro definitivo com Deus, para a hora da morte? Quem vive habitualmente com o coração voltado para Deus, e mantém o olhar e o ouvido abertos a ele. Ouça a promessa de Jesus: *Em verdade, em verdade vos digo: se alguém guardar a minha palavra, nunca verá a morte* (Jo 8, 51). E também: *As minhas ovelhas escutam a minha voz, eu as*

9. CONTAR BEM OS NOSSOS DIAS   45

conheço e elas me seguem. Eu lhes dou a vida eterna; elas jamais hão de perecer (Jo 10, 27-28).

O *servidor bom e fiel*, que *entra na alegria do seu Senhor* (cf. Mt 25, 21) é o que procurou *ouvir a sua voz*, e dizer sempre «sim» a tudo que Deus lhe pedia.

> *Que darei eu em retribuição ao Senhor*
> *por todos os benefícios que me tem feito?*
> *Tomarei o cálice da salvação*
> *e invocarei o nome do Senhor.*
> *Cumprirei os meus votos ao Senhor*
> *diante de todo o seu povo.*
> *É preciosa aos olhos do Senhor*
> *a morte dos seus santos.*
> *Ó Senhor, eu sou teu servo,*
> *eu sou teu servo e filho da tua serva:*
> *quebraste as minhas cadeias.*
>
> Sl 116, 12-15

No dia 11 de dezembro de 1998, iniciou-se oficialmente a Causa de Canonização de um membro supernumerário do Opus Dei, o Dr. Eduardo Ortiz de Landázuri, catedrático de Clínica Médica e um dos médicos mais prestigiosos da Espanha. Deve-se principalmente a ele a conhecida Faculdade de Medicina da Universidade de Navarra. Sua bondade e generosidade para com pacientes e necessitados eram proverbiais. Eu mesmo dou testemunho, porque, por um dia, fui paciente seu.

Faleceu santamente em 20 de maio de 1985, enquanto repetia esta oração: «Senhor, aumenta a minha fé, aumenta a minha esperança, aumenta a minha caridade, para que o meu coração se pareça com o teu».

Em 1983, com um câncer disseminado, sabia que lhe restava pouco tempo de vida. Entrevistado por uma jornalista do

Diário de Navarra, contava-lhe que, apesar de ter sido agnóstico, desde a sua conversão

> sempre tive fé, e peço a Deus que não a tire de mim, agora que mais preciso dela. Na realidade, a única coisa que me preocupa é ir para o Céu. Sim, acredito no Céu, o lugar onde gozarei da presença de Deus. Como? A minha mente é pequena demais para explicar. Mas é para lá que eu quero ir. Tentei passar pela vida fazendo o bem que pude. Tentei, mas não quero que me digam que consegui, porque a minha possível vaidade me assusta. Quero ir para o Céu, e lá não há lugar para vaidosos[5].

Releia esse breve relato sobre a forma como um profissional notável encarava a morte, um homem que fez grandes coisas, que teve esposa e filhos sempre unidos, uma família admirável, e que, na hora final, podia apresentar a Deus as duas mãos cheias de frutos de realizações, de bem, de virtudes e de amor. Releia e perceba, olhando para o Dr. Eduardo, o que é uma vida feliz com Deus, porque tem bem clara a meta e o caminho que a ela conduz.

---

(5) Entrevista a Inés Artajo. *Diario de Navarra*, 13.11.1983.

10. A armadilha do caçador

Se o Senhor não estivesse do nosso lado,
as águas nos teriam inundado,
uma torrente nos teria afogado.
Como um passarinho fomos libertados da armadilha
* do caçador:*
O laço foi quebrado
e nós ficamos livres

Salmo 124, 1.4.7

Quantas vezes não tivemos a sensação de que as diversas tentações da vida estavam nos arrastando como as águas de uma enxurrada? Quantas vezes não sentimos o perigo da tentação muito próximo, prestes a apanhar-nos como a arapuca pega o passarinho?

Na vida sofremos tentações, e em geral não gostamos. Mas... será que as tentações são más?

Já pensou alguma vez que, ao ensinar-nos o *Pai-nosso*, Jesus não nos mandou dizer «*livrai-nos* da tentação»? O que Ele mandou pedir foi: «não nos *deixeis cair* na tentação, mas *livrai-nos do mal*». Desse único *mal*, que é o *pecado*, daquilo que nos separa do nosso único e verdadeiro Bem, que é Deus.

Para Deus, a tentação não é um «mal», é apenas uma provação que, literalmente, nos «põe à prova», a fim de nos ajudar a ser melhores e a ganhar a têmpera dos filhos de Deus.

É assim que a Bíblia nos ensina a ver as tentações:

– *Porque eras agradável ao Senhor, foi necessário que a tentação te provasse* (Tob 12, 13);
– *Deus provou os justos e os achou dignos de si. Ele os provou como ouro na fornalha* (Sab 3, 5-6);
– *Feliz o homem que suporta a tentação porque, uma vez provado, receberá a coroa da vida, que o Senhor prometeu aos que o amam* (Tg 1, 12).

«Nossa vida nesta peregrinação não pode se passar sem tentação.», dizia Santo Agostinho. «Nosso progresso se realiza através da tentação»[1].

Todas as tentações nos colocam numa alternativa: dizer sim ao Bem, ou ao Mal; dizer sim ao certo, ou ao errado; dizer sim ao comodismo, ou ao dever; dizer sim ao prazer, ou ao amor; dizer sim à justiça, ou à trapaça; dizer sim ao perdão, ou à vingança; dizer sim às necessidades dos outros, ou ao nosso egoísmo...

Cada vez que dizemos «sim» ao Bem, mostramos a nossa «preferência» por Deus, decidimo-nos em favor do que Ele nos pede e, assim, crescemos interiormente e fortalecemos as virtudes.

É uma luta. Mas, nela, não estamos sós. Se tivermos boa vontade e estivermos dispostos a dizer esse «sim» ao Bem, então Cristo virá ao nosso encontro, e dará à tentação as mesmas ordens que deu ao mar encrespado: *Silêncio! Cala-te! E o vento parou e fez-se uma grande calmaria* (Mc 4, 39).

São Paulo, que tinha muita experiência de lutas, escrevia aos Coríntios: *Não vos sobreveio tentação alguma que ultrapassasse as forças humanas. Deus é fiel, e não permitirá que sejais tentados além das vossas forças. Pelo contrário, junto com a tentação, tam-*

---

(1) *Comentário aos Salmos*, 60, 3.

10. A ARMADILHA DO CAÇADOR

bém vos dará meios de suportá-la, para que, assim, possais resistir-lhe (1 Cor 10, 13).

Não só resistir, mas tirar proveito. Veja o que diz São Tiago, falando das provas contra a fé, das tribulações e tentações do cristão: *Sabeis que a prova da fé produz em vós a constância. Ora, a constância deve levar a uma obra perfeita: que vos torneis perfeitos e íntegros, sem falta ou deficiência alguma* (Tg 1, 2-3).

Tudo isso refere-se às «verdadeiras tentações», ou seja àquelas que aparecem sem nós as termos desejado nem procurado. Porque há «falsas tentações», que são fruto da nossa má vontade, da nossa cumplicidade com o mal. São arapucas que armamos para nós mesmos. Contra essas tentações, Deus não concede a ajuda da sua graça, a não ser por uma «loucura» da sua misericórdia.

As falsas tentações podem ser simbolizadas pelo seguinte episódio. Corria o ano de 1974. Era maio, e São Josemaria Escrivá estava em São Paulo. Foram duas semanas intensas de palestras e catequese. Por prescrição médica, ele devia caminhar ao menos meia hora por dia. Nós, os que o acompanhávamos durante a visita, procuramos que essa caminhada pudesse ser feita em lugares agradáveis: Jardim Botânico, bosque do Morumbi, campus da USP, Parque da Água Branca... Um dia, sugerimos que visse o famoso Instituto Butantã e lá se exercitasse um pouco. Parou, com curiosidade, diante de um serpentário protegido por um vidro onde dormitava uma cascavel, de chocalho crescido. Por aquele pequeno cubículo passeava um ratinho branco. Ia e vinha, passava por cima a cobra, afastava-se e voltava a se aproximar, até que de repente a cascavel deu o bote, com a velocidade de um raio, e abocanhou o bicho.

São Josemaria comentou: «Ele procurou», ou seja, o ratinho, com a sua inconsciência, foi direto atrás do desfecho fatal. O fundador do Opus Dei acrescentou depois que assim acontecia conosco quando brincávamos com a tentação.

É algo que faz pensar. Grande parte dos nossos pecados, vícios e dramas morais procedem da nossa covardia para dizer «não» às *ocasiões* de pecado. Aproximamo-nos delas pela vaidade, pela curiosidade mórbida (o celular, os portais de internet!), pela gula, pelos maus hábitos que nos custa cortar; pela pressão de amigos, para não sermos «diferentes»... e a cobra pula e nos pega. Depois, dizemos que foi uma fraqueza, um mau momento. Sim, foi um mau momento, mas um momento que nós preparamos; somos culpados de ter brincado conscientemente, como o camundongo e a cobra.

Quando «queremos» vencer, e pedimos a Deus que nos ajude com a sua graça, vencemos. A graça de Deus não vai faltar aos que forem sinceros, especialmente se procurarem essa força de Deus mediante a oração – que, às vezes, terá que ser uma petição insistente a Jesus através de Nossa Senhora – e com o sacrifício, com a mortificação voluntária de um prazer, da curiosidade, da vaidade, da intemperança no comer, no beber, no sexo.

Se lutarmos e pedirmos assim, poderemos repetir: *Tu és, Deus, a minha fortaleza* (Sl 43, 2), tu me salvaste *da armadilha do caçador* (Sl 124, 7).

11. Pisarás sobre leões e dragões

Ele dará ordens a seus anjos
para te guardarem em todos os teus passos.
Em suas mãos te levarão
para que teu pé não tropece em nenhuma pedra.
Caminharás sobre a cobra e a víbora,
pisarás sobre o leão e o dragão.

Salmo 91, 11-13

Em um dos seus sermões sobre os Salmos, Santo Agostinho faz um comentário muito arguto sobre as imagens do *leão* e do *dragão*. Vale a pena transcrever as suas palavras, tendo em conta que fala a cristãos do século V, tempos em que não mais eram perseguidos pela sua fé, mas guardavam a memória recente das terríveis perseguições desencadeadas pelos imperadores romanos até inícios do século IV, e relatadas a eles por seus pais e avós:

> Como os nossos pais precisaram de paciência contra o leão [o poder imperial], também nós precisamos de vigilância contra o dragão [o sutil veneno do erro]. A perseguição contra a Igreja nunca cessa, quer por parte do leão, quer por parte do dragão, e mais se deve temê-la quando engana do que quando se assanha.

Em outros tempos, incitava-se os cristãos a renegarem Cristo; nestes, ensina-se a negar a Cristo. Então a perseguição esmagava, agora ensina; então usava de violência, agora de insídias; então ouviam-na rugir, e agora, apresentando-se com aparente mansidão, dificilmente se faz notar.

É coisa sabida como então a perseguição violentava os cristãos para que negassem Cristo; mas eles, confessando o nome de Cristo, eram coroados. Agora ensina a negar a Cristo e, enganando-os, não quer que pareça que os afasta de Cristo[1].

Santo Agostinho dirigiu essas palavras a cristãos que viveram há mais de mil e quinhentos anos. Você não acha que são plenamente atuais?

Na nossa época, o *leão* continua ativo: matou, encarcerou e torturou mais cristãos nos séculos XX e XXI do que na «era dos mártires», os três primeiros séculos do cristianismo. Há atualmente notícias frequentes – pouco difundidas pela mídia – de muitos cristãos degolados pelos islâmicos fanáticos da *sharia*; de igrejas inteiras repletas de fiéis que foram incendiadas em várias localidades da Ásia e da África. Isso sem lembrar as torrentes de sangue cristão derramadas pelos horrores do nazismo e do comunismo em anos relativamente recentes.

É verdade. O *leão* continua ativo. Mas, hoje, é muito mais ampla, insidiosa e «eficiente» a perseguição do *dragão*. O veneno sutil é instilado quase todos os dias no ambiente que nos rodeia, no ar que respiramos, na mente indefesa de crianças e adolescentes.

Trata-se das constantes campanhas midiáticas, educacionais e legislativas, destinadas a varrer os mais altos valores do ser humano feito à imagem de Deus; campanhas dirigidas a desacreditar a Igreja e a reduzir os cristãos a cidadãos de segunda categoria que é preciso silenciar. Nem sequer se lhes tolera –

---

(1) *Comentário aos Salmos*, 39, 1.

como dizia São Thomas More no seu processo – o direito de ficarem calados. Escolas e professores são obrigados a seguir programas obrigatórios e propagar ideologias que contrariam frontalmente as suas opiniões, crenças e convicções. E não se admite o direito à «objeção de consciência».

Alguns se perguntam: «Será que, em nome da liberdade, e de uma maneira muito seletiva de encarar os "direitos humanos", já chegamos a uma cultura de mordaça totalitária? Minorias ideológicas, tirânicas, parecem querer apoderar-se da vida e das consciências de todos, como se fôssemos gado de seus currais».

É natural que soframos ao ver diariamente agredido tudo aquilo que é belo e grande aos olhos de Deus: os valores do amor humano e do matrimônio, a família, o caráter sagrado da vida, o sentido do sexo tal como o Criador o quis, o direito dos pais de educar os filhos conforme as suas convicções, etc.

Mas esse sofrimento, na vida do cristão, não pode converter-se em pessimismo[2]. Tenhamos sempre diante dos olhos as palavras com que Jesus advertia os Apóstolos, quando se despedia deles na Última Ceia: *Se o mundo vos odeia, sabei que, primeiro, me odiou a mim... Lembrai-vos da palavra que vos disse: O servo não é maior que o seu senhor. Se eles me perseguiram, também vos perseguirão* (Jo 15, 18.20).

É uma profecia que parece sombria e que, no entanto, tem uma conclusão luminosa, com um cântico de esperança e de vitória: *No mundo tereis tribulações, mas tende coragem: eu venci o mundo!* (Jo 16, 33)

São João, na sua primeira Carta, fala do segredo dessa vitória: *Todo o que nasceu de Deus* [pelo santo Batismo] *vence o mundo. E esta é a vitória que vence o mundo: a nossa fé* (1 Jo 5, 4).

A fé! Primeiro, assumamo-la como um verdadeiro ideal de

---

(2) Sobre esse tema, cf. o nosso *Otimismo cristão, hoje*, Quadrante, São Paulo, 2008.

vida, como a luz da nossa alma, da nossa mente, do nosso coração. Para nós, «crer» deve ser «viver».

«Um segredo. – Um segredo em voz alta: estas crises mundiais são crises de santos. – Deus quer um punhado de homens "seus" em cada atividade humana»[3]. Não duvide de que a hora atual é hora de santidade, hora de viver a plenitude da fé e de transmitir a luz e o calor do amor de Cristo a muitos.

Por isso mesmo, é hora de procurar a formação necessária para que a nossa fé cristã seja cada vez mais sólida e profunda, inabalável.

Em tempos de sombras e penumbras equívocas, não basta um conhecimento elementar e fragmentário da verdade católica. É preciso superar aquilo a que Santo Agostinho chamava «jejum de luz». É um dever, agora, procurar o aprimoramento da formação doutrinal com tanto ou mais empenho do que colocamos na aquisição da formação profissional, técnica ou cultural. É hora da responsabilidade, da vibração e da alegria que procedem do deslumbramento da fé, em contraste com a escuridão que nos cerca.

> Urge difundir a luz da doutrina de Cristo.
> Tens de entesourar formação, encher-te de clareza de ideias, de plenitude da mensagem cristã, para poderes depois transmiti-la aos outros.
> – Não esperes umas iluminações de Deus, que Ele não tem por que dar-te, quando dispões de meios humanos concretos: o estudo, o trabalho[4].

Pense nisso, e tire suas conclusões práticas. Não para começar amanhã, mas para começar hoje mesmo.

---

(3) *Caminho*, n. 301.
(4) *Forja*, n. 841.

12. As lágrimas que Deus guarda

Em Deus confio, não temerei:
que poderá contra mim o homem?
Contaste os passos da minha caminhada errante,
minhas lágrimas recolhes no teu odre;
Não estão elas consignadas no teu livro?

Salmo 56, 5.9

Há lágrimas que se evaporam, como uma chuva de verão, pois brotam de sentimentos superficiais e passageiros. Há lágrimas corrosivas, como as da raiva, o ódio e a inveja. E há lágrimas que Deus recolhe e guarda no seu «odre», como se guarda a água no deserto.

Apoiados nos Salmos, vamos meditar em algumas dessas lágrimas que Deus guarda eternamente no seu «odre». São daqueles *tesouros no Céu*, de que fala o Evangelho (cf. Mt 6, 20).

* * *

Amo o Senhor porque escuta o clamor da minha prece,
porque inclinou seu ouvido para mim
no dia em que o invoquei.
Volta, minha alma, à tua paz,
pois o Senhor te fez o bem;
ele me libertou da morte,
livrou meus olhos das lágrimas.

Salmo 116, 1.7-8

Deus sempre escuta a oração sincera, feita com confiança filial, às vezes ungida com as lágrimas da tristeza ou do desconcerto.

A conversa confiante com nosso Pai Deus sempre nos alcança, haja o que houver, o dom da paz, o bem que mais anseia a nossa alma. E isso nas mais variadas vicissitudes da vida: na fortuna e na adversidade, no sucesso e no fracasso, na saúde e na doença, no riso e no pranto...

Como é bom saber que, orando, *sempre* podemos encontrar a paz, apertando o nosso coração ao coração de Cristo, mesmo que, sem perdermos a paz, algumas lágrimas ainda molhem o sorriso. Quanta razão tinha São Josemaria quando ensinava: «A oração é indubitavelmente o "tira-pesares" dos que amamos a Jesus»[1].

* * *

Quem semeia entre as lágrimas
   colherá com alegria.
Quando vai, vai chorando,
   levando a semente para plantar;
mas quando volta, volta alegre,
   trazendo seus feixes.

Salmo 126, 5-6

Esses versículos me trazem ao pensamento o que dizia Jesus no domingo de Ramos, entrando em Jerusalém: *Em verdade, em verdade vos digo: se o grão de trigo que cai na terra não morre, fica só. Mas, se morre, produz muito fruto* (Jo 12, 24). Só enterrando, pouco a pouco, o nosso egoísmo – esse terrível câncer da alma – é que poderemos colher frutos de amor e saborear o pão da alegria.

---

(1) *Forja*, n. 756.

12. AS LÁGRIMAS QUE DEUS GUARDA

Como nos custa entender isso! Parecem loucura as palavras de Jesus: *Quem quiser guardar a sua vida, a perderá; e quem perder a sua vida por causa de mim, a encontrará* (Mt 16, 25). Não é absurdo? Não é pedir demais? No entanto, quem experimenta viver segundo essas palavras, encontra nelas o único caminho da felicidade, que é o caminho do amor. Como diz uma velha cantiga:

> *Amor que não pena*
> *não peça prazer,*
> *pois que já o condena*
> *seu pouco querer.*
> *É melhor trocar*
> *o prazer pela dor*
> *que estar sem amor.*

Amar é «dar», amar muito é «dar-se», e isso não se consegue sem a renúncia de «si mesmo», como diz Jesus: aos desejos, vontades, prazeres, planos e anseios que são meramente egoístas. Renunciar por amor não é perder, mas ganhar.

O Senhor, que nos chama a segui-lo pelo caminho do Amor, dá-nos a *senha* desse caminho: *Se alguém quer me seguir, renuncie-se a si mesmo, tome a sua cruz e siga-me* (Mt 16, 24). Cruz, sacrifício, renúncia voluntária e amada. «Nenhum ideal se torna realidade sem sacrifício»[2].

* * *

> *Junto aos rios da Babilônia,*
> *nós nos sentamos a chorar,*
> *com saudades de Sião.*
>
> Salmo 137, 1

---

(2) *Caminho*, n. 175.

Os judeus deportados a Babilônia por Nabucodonosor, choram as saudades da Jerusalém incendiada e destruída, lembram-se dos cânticos do Templo, dos dias felizes junto do monte Sião.

Por que foram desterrados? Daniel dá a resposta nesta sua oração:

> *Foi justa a sentença que proferiste, justos os castigos que nos mandaste a nós e a Jerusalém, cidade santa dos nossos pais. Tudo aquilo que nos mandaste foi sentença justa, por causa dos nossos pecados. Sim! Pecamos! Foi um crime afastarmo-nos de ti!* (Dn 3, 28-29)

Porém, mesmo lamentando essa desgraça tremenda, o profeta confia em que Deus, ao ver o arrependimento do seu povo, o tratará conforme a sua misericórdia. Por isso, promete, em nome de todos: *Mas, agora, vamos te seguir sempre, de todo o coração* (Dn 3, 42).

Essas lágrimas que queimam são as que o nosso coração derrama quando toma consciência dos seus pecados, «acordando» às vezes de um longuíssimo pesadelo. Como o filho pródigo ferido no coração pelas saudades da casa do Pai que renegou (cf. Lc 15, 17-19).

Como são boas as lágrimas de quem, tendo errado, retifica, dá uma virada sincera e se decide a voltar ao caminho de Deus. Esse coração arrependido escutará Deus Pai que lhe diz: *Façamos uma festa: este meu filho estava morto, e reviveu; tinha-se perdido, e foi achado* (Lc 15, 24).

* * *

> *Senhor, não me repreendas em tua ira*
> *nem me castigues no teu furor.*
> *Tem piedade de mim, Senhor.*
> *Inundo de pranto meu catre toda a noite*
> *e banho de lágrimas o meu leito,*
>
> Salmo 6, 2-3.7

12. AS LÁGRIMAS QUE DEUS GUARDA

Uma exegese clássica colocava esses versos na boca de Davi, depois de ter cometido adultério com Betsabé e de ter mandado à morte seu esposo, Urias (cf. 2 Sm 11, 2 e segs.). *Banho de lágrimas o meu leito!*
São as lágrimas da contrição, da dor da alma que ofendeu gravemente a Deus.

Choras? – Não te envergonhes. Chora; sim, os homens também choram, como tu, na solidão e diante de Deus. – Durante a noite, diz o rei Davi, regarei de lágrimas o meu leito.

Com essas lágrimas, ardentes e viris, podes purificar o teu passado e sobrenaturalizar a tua vida atual[3].

Tenho a convicção – e assim o escrevia há tempos – de que uma das maiores desgraças que um homem pode ter é não ser capaz de se arrepender.

Será fatalmente um ser humano achatado, mutilado na sua grandeza e diminuído na sua dignidade. Será um homem ou uma mulher que espiritualmente não chegará a vingar. Aquele que não «sabe» arrepender-se, fica estagnado, cego; cristaliza nos seus defeitos, rotinas e mediocridades, e morre ignorando o que significa a palavra *amor*, mais especificamente, aquela que encabeça o primeiro e principal de todos os mandamentos: «Amarás a Deus sobre todas as coisas.

Enquanto não brotar uma lágrima de verdadeiro arrependimento, o coração humano, mesmo o que parece bom e limpo, não possuirá o segredo da porta de acesso ao Coração de Cristo, ou seja, ao Amor com maiúscula. As lágrimas penitentes são essa chave. Sem elas, para nós, pecadores, não há outra que abra[4].

---

(3) *Caminho*, n. 216.
(4) *Lágrimas de Cristo, lágrimas dos homens*, 3ª edição, Quadrante, São Paulo, 2017, pág. 71.

13. Como um cavalo sem freio nem rédeas

Não sejas como o cavalo ou o jumento
sem inteligência,
cujo brio precisa ser domado com freio e rédeas.
Eu te instruirei e te indicarei o caminho que deves
seguir;
com os olhos sobre ti, te darei conselho.

Salmo 32, 9.8

Lembro-me de uma história real que me foi contada por um dos seus protagonistas. Aconteceu num acampamento onde alguns estudantes universitários faziam o serviço militar durante as férias. Um deles, que nunca tinha praticado equitação, decidiu arriscar-se e montar um cavalo. O animal escolhido sem dúvida percebeu que carregava um «novato» e, mal o jovem se encarapitou em cima da sela, desembestou sem rumo fixo.

Na correria desgovernada, o cavalo com o cavaleiro abraçado a seu pescoço, passou por um grupo de jovens oficiais que, morrendo de rir, perguntaram: «Aonde vai com tanta pressa?». A resposta ofegante do mau cavaleiro foi: «Eu ia para tal lugar, mas não sei para onde é que este cavalo está me levando».

A nossa vida pode ser, com facilidade, como um cavalo

ou um jumento desgovernado que nos conduz aonde não sabemos e não desejávamos ir. Meditemos um pouco sobre o cavalo e o jumento.

O *cavalo desgovernado* pode ser o símbolo da falta da uma das duas faces da virtude da ordem.

A primeira face, a mais profunda, é a carência de uma íntima *ordem de valores*[1]. Não sabemos qual deve ser o sentido da nossa vida, não temos ideais claros, afora o desejo de vencer e passar bem, que não é ideal nenhum. E, assim, vamos tocando tudo na confusão do coração, no impulso da hora e no embalo da rotina.

Será que temos, nem que seja minimamente, uma escala ideal dos valores e prioridades da nossa vida? Pode ser que enxerguemos «teoricamente» que «isto» é o mais importante; que «aquilo» outro é secundário; que a família deveria estar em primeiro lugar, acima do trabalho; que só com Deus podemos enxergar o autêntico sentido da vida e da morte...

Na prática, porém, essa ordem de valores não significa nada. O que, na teoria, está em primeiro lugar, fica no último; o que é «mais» fica sendo o «menos»... E assim nos acontece que, mesmo com boa vontade, não conseguimos segurar as rédeas do cavalo da vida e dirigi-lo pelo *caminho que deves seguir*, como diz o Salmo.

Não temos forças para segurar as rédeas por duas razões. *Primeiro*, porque não temos convicções, apenas teorias, mais vazias que uma laranja chupada. *Segundo*, porque a nossa liberdade, ou seja, a capacidade de dominar o nosso «querer», está acorrentada, prisioneira dos defeitos, caprichos e paixões que nos dominam.

Somos, sim, escravos dos defeitos que nos vencem: estes são o cavalo enlouquecido, que nos leva para parte nenhuma e nos

---

(1) Sobre esse tema, cf. Francisco José de Almeida, *A virtude da ordem*, 2ª edição, Quadrante, 2015.

faz falhar e fracassar em quase tudo: na família, na formação dos filhos, na vida espiritual, na profissão, nas amizades...

Esse cavalo sem freio pode se chamar também preguiça, inconstância (incapacidade de ser fiel a qualquer coisa que não seja o time de futebol e os vícios arraigados); pode se chamar ambição cega (que ofusca e não deixa ver nem Deus nem a família); pode se chamar intemperança na gula e na sensualidade...

Eu estava acorrentado – dizia Santo Agostinho –, não por ferros alheios a mim, mas pelos do meu egoísmo férreo. [...] Quando se obedece aos desejos da carne, estes tornam-se costume; quando não se quebra esse costume, torna-se necessidade [...]. Com tais elos fizera eu a corrente com que o demônio me mantinha amarrado à mais dura escravidão[2].

Você já pediu a Deus a graça de se libertar dessas correntes? Você se esforça por construir a estrutura sólida e ordenada – hierarquizada – de todos os valores da vida?[3]

E o *jumento*? Pode ser a imagem da «burrice», do tempo que perdemos, como a água jogada num recipiente furado, simplesmente pela falta de organização e previdência.

O tempo passa, foge rápido. Lembro-me de uma entrevista feita a Oscar Niemeyer, quando atingiu os cem anos de idade. O jornalista lhe perguntava como enxergava sua vida nessa altura. E ele respondeu: «A vida é um sopro».

Você não vê que é asneira perdê-la, desperdiçá-la por falta de ordem, no sentido mais simples dessa palavra? Falta de horá-

---

(2) *Confissões*, 8, 5.
(3) Para maior aprofundamento, pode ser útil a leitura de dois livros nossos: *Autodomínio: Elogio da temperança*, 2ª edição, Quadrante, São Paulo, 2016; e *A conquista das virtudes*, Cultor de Livros / Cléofas, 2ª edição, 2016.

rio, de previdência, falta de planejamento, falta da coragem de começar, falta de constância para terminar.

Quando uma pessoa, ao enfrentar-se com seus deveres, diz «não tenho tempo», deveria ouvir na hora um sinal de alarme dizendo: «Falta-te tempo, porque te sobra jumento».

Qual jumento? São dois. O *primeiro* é a falta de sinceridade no querer: sempre achamos tempo para as coisas que queremos «mesmo»; se não há tempo é porque não queremos.

O *segundo* é a preguiça de parar e se organizar, de preparar e anotar o que a nossa consciência percebe que devemos fazer em cada dia. Desde assuntos profissionais e dedicação familiar, até a organização das horas em que vamos abrir as mensagens do celular e as redes sociais, passando pela definição da hora-limite em que tablet, celular e TV «devem dormir». Nisso, precisamos ter a firmeza do bom jerico para empacar e dizer «não». Manter em dia a agenda e ter a determinação do jegue que finca as patas no chão, isso é que é uma boa «jumentalidade», expressão que usava em tom negativo há anos um deputado na Câmara para increpar um colega[4].

---

(4) Cf. Otto Lara Rezende, *Bom dia para nascer*, Companhia das Letras, 1994, pág. 199.

14. Como o pássaro solitário

Perdi o sono e estou gemendo;
estou como o pássaro solitário no telhado.
Todo dia meus inimigos me insultam;
eles se enfurecem e fazem imprecações contra mim.

Salmo 102, 8-9

«Não é fácil ser cristão!», não raro escutamos alguém dizer.

Com efeito, Jesus nos disse que, para entrar no Reino de Deus, a porta era estreita e o caminho íngreme (cf. Mt 6, 13-14), e alertou-nos sobre as dificuldades que encontraríamos: *No mundo tereis aflições* (Jo 16, 33). Mas também nos prometeu que estaria conosco todos os dias até o fim do mundo (cf. Mt 28, 20); garantiu que nos deixaria a sua alegria e a sua paz (cf. Jo 16, 22) e nos animou a viver de esperança: *Mas tende coragem! Eu venci o mundo* (cf. Jo 16, 33).

Hoje há uma dificuldade especial para um cristão que queira ser autêntico e fiel: o ambiente materialista e paganizado de grande parte da sociedade; a difusão, imposta como se fosse um dogma, de ideias e comportamentos próprios de uma «cultura» frontalmente contrária ao Evangelho. É fácil, por isso, que um bom cristão se sinta só, como um *pássaro solitário no telhado*, em meio a colegas, parentes e amigos que não só não compartilham os seus valores como até mesmo os desprezam e combatem: *fazem imprecações contra mim*.

Disso falava o Papa Bento XVI numa entrevista: «Existem ambientes, e não são poucos, nos quais hoje se precisa de muita coragem para declarar-se cristão [...]. Cresce o perigo de uma ditadura da opinião, e quem não quer acatá-la é isolado e marginalizado»[1]. Como um pássaro solitário!

Também no livro *Jesus de Nazaré*, o mesmo Papa escreveu: «O que fazem todos é imposto ao indivíduo como pauta de comportamento. O mundo não suporta a resistência, quer colaboracionismo»[2].

Que fazer? A resposta é simples, embora não seja fácil: imitar os primeiros cristãos.

Num mundo totalmente pagão e muito semelhante ao nosso em seus costumes, os cristãos eram vistos com um misto de admiração e aversão. Não eram «como todo mundo». Se, por um lado, os pagãos ficavam cativados pelo exemplo de amor ao próximo que os seguidores de Cristo irradiavam, por outro, as virtudes que os cristãos praticavam estavam em forte contraste com as práticas e costumes que o paganismo queria impor como normal: os cristãos eram castos, desprendidos dos bens materiais, fiéis no casamento, generosos com os pobres e doentes... Isso chocava, incomodava. Chegou a desencadear o *tsunami* das perseguições. Os três primeiros séculos do cristianismo são chamados, com toda a propriedade, «a era dos mártires».

No entanto, esses *pássaros solitários*, tantas vezes incompreendidos e levados ao matadouro como animais, não pararam de crescer, e foram pouco a pouco o fermento da transformação daquela sociedade – sem violência, só com a força da fé e do amor. O Império pagão, em poucos séculos, achou-se cristão.

Penso que Deus nos pede hoje para imitar especialmente *três atitudes* dos primeiros cristãos: *a autenticidade do seu exem-*

---

(1) *O sal da terra*, Imago, Rio de Janeiro, 1997, pág. 176.
(2) Vol. II, p. 116.

plo, a compreensão para com todos e o coração aberto lealmente à amizade.

A autenticidade do exemplo

A grande força moral dos cristãos não era a da polêmica, mas a silenciosa pregação do exemplo. Um dos mais antigos mártires, Santo Inácio de Antioquia, dava um lema para os cristãos que viviam no meio da sociedade pagã: «Atuar de acordo com a palavra de Jesus, e manifestá-la pelo silêncio»[3], ou seja, deixar que as ações falem por nós.

Sem discussões, e, ao mesmo tempo, sem ceder um milímetro no que se refere às suas convicções, sem querer fazer média nem rebaixar as exigências da fé, os cristãos podem dar-se e conviver com todos. Sua caridade, sua firmeza serena e sorridente, seu espírito de serviço, a perfeição com que procuram trabalhar, a sua solicitude para com as carências e sofrimentos dos outros, acabam por atrair os que com eles convivem.

Um retrato desse ideal, encontramo-lo em um documento muito antigo, a *Carta a Diogneto*, uma apologia do cristianismo – e também uma bela peça literária – que o bispo Quadrato teria dirigido, no século II, ao imperador Adriano. Lemos nesse escrito:

> Os cristãos não se distinguem dos outros homens, nem por sua terra, nem por língua ou costumes. Não moram em cidades próprias, nem falam uma língua estranha, não têm algum modo especial de viver. [...] Morando em cidades gregas e bárbaras, conforme as circunstâncias de cada um, e adaptando-se aos costumes do lugar quanto à roupa, ao alimento e ao resto, testemunham um modo de vida singular e admirável [...]

---

(3) *Carta aos Efésios*, 15.

Casam-se como todos e geram filhos, mas não abandonam os recém-nascidos. Põem a mesa em comum, mas não o leito. Estão na carne, mas não vivem segundo a carne. Moram na terra, mas têm a sua cidadania no Céu. [...] São injuriados, e bendizem; são maltratados, e honram; fazem o bem e são punidos; são condenados, e se alegram como se recebessem a Vida. [...]
Em poucas palavras, assim como a alma está no corpo, assim os cristãos estão no mundo[4].

Portanto, primeiro o exemplo. E, ao mesmo tempo, como comentávamos no capítulo 11, a responsabilidade pela formação e pelo apostolado.

A compreensão para com todos

Esta é a segunda atitude positiva de que falávamos. Ninguém pode sentir-se próximo de uma pessoa que não o compreende. Pelo contrário, é um prazer conviver e trabalhar com alguém que valoriza a nossa boa vontade e compreende os nossos defeitos, mesmo sabendo que compreender – para um bom cristão – não quer dizer concordar nem ceder na fé.

Para compreender, é preciso ter humildade e um coração generoso. «Em qualquer ser humano», escreve São Tomás de Aquino, «existe sempre algum aspecto que nos permite considerá-lo superior a nós, segundo as palavras do Apóstolo [São Paulo]: *Levados pela humildade, tende-vos uns aos outros por superiores a vós mesmos* (Fl 2, 3). De acordo com estas palavras, todos os homens devem honrar-se mutuamente»[5].

Sem compreensão, não pode haver diálogo com os que não partilham da nossa fé nem dos nossos valores morais. Diálogo

---

(4) *Carta a Diogneto*, capítulos 5 e 6.
(5) *Suma Teológica*, II-II, q. 103, a. 2-3.

que não consiste em atenuar ou disfarçar as verdades e os valores católicos, mas em saber escutar com respeito as opiniões divergentes, e, num clima de paz e de troca de ideias – de estudo, quando isso for possível –, expor as nossas crenças de modo positivo, sereno e pacífico.

Como escreve São Josemaria, «com a polêmica agressiva, que humilha, raramente se resolve uma questão. E, sem dúvida, nunca se consegue esclarecimento algum quando, entre os que disputam, há um fanático»[6].

Santo Agostinho, alertando os que não sabem compreender, dizia:

> Repreendes os outros, e não reparas em ti mesmo. Acusas os outros, e não te examinas. Colocas os outros bem diante dos teus olhos, e a ti colocas-te escondido atrás das tuas costas. Quando Deus te julgar, dirá: «Far-te-ei dar meia volta e te colocarei diante de ti próprio. Então te verás e chorarás»[7].

O coração aberto à amizade

É óbvio que a compreensão e o diálogo são dois batentes que escancaram a porta da amizade. Com essas qualidades, duas pessoas com credos e convicções diferentes podem conviver, conversar, compartilhar momentos excelentes da vida (conheço vários casais que, possuindo crenças diferentes, se dão maravilhosamente bem).

Se há pontos de discordância, há também muitos pontos em comum com qualquer pessoa de boa vontade. Esses pontos comuns são a ponte que, sem trair a fé, pode unir os corações. E levá-los a cooperar juntos, com a maior harmonia

---

(6) *Sulco*, 4ª edição, Quadrante, São Paulo, 2016, n. 870.
(7) Cf. *Sermão* n. 17, 5.

e entusiasmo, em empreendimentos pelo bem da família, da sociedade, da pátria, da ciência...

«Amar», dizia Saint-Exupéry, «não é olhar um para o outro, mas olhar ambos na mesma direção». Quantas metas valiosas podem ser encaradas e conquistadas em conjunto se existe amizade leal entre pessoas que, a despeito das suas divergências em temas importantes, são capazes de compreender, de ajudar, de valorizar os outros e trabalhar com eles em coisas positivas.

Amar – diz a teóloga católica alemã Jutta Burggraff – não consiste simplesmente em fazer coisas para alguém, mas em confiar na vida que há nele. Consiste em compreender o outro com as suas reações mais ou menos oportunas, os seus medos e as suas esperanças. E fazê-lo descobrir que é único, digno de atenção, e ajudá-lo a aceitar o seu próprio valor, a sua própria beleza, a luz oculta que existe nele, o sentido da sua existência. E consiste em manifestar ao outro a alegria de estar a seu lado[8].

Esta é a amizade do autêntico cristão. Essa foi a amizade, o amor sincero com que os primeiros cristãos – mantendo até a morte a fidelidade à fé – conquistaram o mundo.

---

(8) *Para uma cultura de diálogo*, conferência pronunciada em 2009. Disponível em: <https://opusdei.org/pt-br/article/para-uma-cultura-de-dialogo>.

15. Aprender o temor de Deus

Feliz quem teme o Senhor!
Salmo 112, 1

O princípio da sabedoria é o temor do Senhor.
Salmo 111, 10

Vinde, filhos, escutai-me, eu vos ensinarei o temor do Senhor.
Salmo 34, 12

O temor, o medo, não é agradável nem parece positivo. São Tomás de Aquino diz que «nós tememos perder o que amamos»[1], e a nossa experiência confirma que é assim mesmo. Ficamos com medo de perder uma pessoa querida, a saúde, a integridade física, o trabalho, o bom nome, os bens materiais..., em suma, as coisas que amamos.

Feliz quem teme... Como é possível que o temor de Deus nos proporcione alegria? Como é que uma religião pode ter no temor o princípio da sabedoria? Será que o medo precisa ser aprendido?

Essas mesmas perguntas intrigavam, no século IV, Santo Hilário, bispo de Poitiers, quando se preparava para comentar os

---

(1) *Suma Teológica*, II-II, q. 19. a.8.

salmos ao povo. De modo especial, ficava perplexo com aquela exortação do Salmo 34: *Vinde, eu vos ensinarei o temor do Senhor.* Com a ajuda de Deus, achou uma resposta simples.

No nosso dia a dia, o temor – comentava este santo – «não é objeto de ensino, mas surge da nossa fraqueza natural; não aprendemos o que se deve temer, mas são as próprias coisas temíveis que nos incutem o seu temor». Pelo contrário, o temor de Deus não é uma reação natural, espontânea; tem que ser ensinado e aprendido. «Não provém do nosso receio natural, mas do conhecimento da verdade. Para nós, todo o temor de Deus vem do amor»[2].

A esse temor que nasce do amor a tradição espiritual da Igreja chama «o santo temor de Deus». Vamos meditar sobre três manifestações do temor de Deus, que podem trazer luz à nossa alma.

O princípio da sabedoria

Em primeiro lugar, não é raro que católicos que estiveram a um triz da morte, que escaparam por pouco de um incêndio ou de uma doença grave, sintam um calafrio de terror ao pensar: «E se eu tivesse morrido em pecado mortal sem me arrepender, sem me ter confessado, com que cara iria à presença de Deus? Será que não iria para o inferno?». Esse temor não é motivado pelo amor a Deus, mas pelo amor a si mesmo, pelo medo de sofrer a condenação eterna.

Embora esse temor não seja o «ideal» e esteja manchado pelo interesse, para muitos, como diz o Salmo 111, foi o *princípio da sabedoria*. Ouviram a voz da consciência: «Não vê que é uma soberana tolice viver em perigo de se condenar eternamente, quando pode alcançar, por meio de uma boa confissão,

---

(2) *Tratados sobre os salmos*, citado na Liturgia das Horas, Quinta-feira da segunda semana da Quaresma.

o perdão de Deus?». Mais de uma vez, esse princípio imperfeito acabou conduzindo à conversão e à santidade.

O próprio Jesus, neste sentido, nos alerta:

> *A vós, meus amigos, eu digo: não tenhais medo dos que matam o corpo e depois não podem fazer mais nada. Vou mostrar-vos a quem deveis temer: temei aquele que, depois de fazer morrer, tem o poder de lançar-vos no inferno* (Lc 12, 4-5).

Como glosa brevemente São Josemaria: «Não esqueças, meu filho, que para ti, na terra, só há um mal que deves temer e, com a graça divina, evitar: o pecado»[3].

Temor santo

Há uma segunda manifestação do temor de Deus, que já é temor «santo». É a emoção, o assombro estremecido da alma que percebe junto a si a grandeza e a beleza deslumbrante de Deus.

Foi isso o que aconteceu aos pastores de Belém, na noite de Natal: *Um anjo do Senhor lhes apareceu, e a glória do Senhor os envolveu de luz. Os pastores ficaram com muito medo. O anjo então lhes disse: «Não tenhais medo! Eu vos anuncio uma grande alegria»*. (Lc 2, 9-10).

Tomara que cada um de nós, com a graça de Deus, pudesse ter um pouco da experiência dos pastores: que nós, envolvidos interiormente pela luz da fé, tremêssemos de emoção e caíssemos de joelhos ao captar as maravilhas de Deus.

O futuro Cardeal Newman, num dos seus sermões paroquiais, perguntava se eram cristãos os sentimentos de temor perante o «sagrado», perante o divino. Respondia: «São os sentimentos que teríamos, e em grau intenso, se tivéssemos a

---

(3) *Caminho*, n. 386.

visão do Deus soberano. São os sentimentos que teríamos se verificássemos a sua presença. Na medida em que acreditamos que Ele está presente, devemos tê-los. Não os ter é não acreditar que Deus está presente»[4].

Hoje nos faz muita falta pedir a Jesus, como os Apóstolos: *Aumenta a minha fé* (Lc 17, 5). Porque quando cresce a fé, cresce esse santo temor maravilhado, comovido, que é o espírito de «adoração». Quanta coisa melhoraria na vida de muitos católicos se recuperassem, por exemplo, o sentido da adoração diante do Santíssimo Sacramento do altar.

O temor filial

Finalmente, o perfeito temor de Deus é o temor filial. Deixemos São João falar-nos dele:

> *Caríssimos, nós somos agora filhos de Deus.* [...] *Aquele que não ama não conheceu a Deus, porque Deus é Amor.* [...] *Nisto consiste o amor: não fomos nós que amamos a Deus, mas foi ele que nos amou e nos enviou o seu Filho como vítima de expiação pelos nossos pecados.* [...] *No amor não há temor; ao contrário, o perfeito amor lança fora o temor* (1 Jo 3, 2; 4, 8.10.18).

Aquele que ama muito e é muito amado *teme* magoar a pessoa amada. Qualquer falha cometida lhe causa muita pena.

A alma de fé é aquela que diz, com São João, *nós conhecemos o amor de Deus e acreditamos nele* (1 Jo 4, 16). Sabe que «Deus é um pai amoroso: quer mais a cada um de nós do que todas as mães do mundo podem querer a seus filhos»[5]. E dói-lhe muito ofendê-lo. É a única coisa que «teme» de verdade.

Quando temos esse temor filial, o coração não fica enco-

---

(4) *Parochial and plain sermons*, 5, 2.
(5) Cf. *Caminho*, n. 267.

lhido pelo medo; ao contrário, dilata-se, aberto totalmente à gratidão e à confiança em nosso Pai Deus: *Não tenhas medo, pequeno rebanho* – diz-nos Jesus –, *porque foi do agrado do vosso Pai dar-vos o Reino* (Lc 12, 32).

Este temor filial é o perfeito temor de Deus.

16. Coração insensível como a gordura

O coração deles é insensível como a gordura.
Eu encontro as minhas delícias na tua lei.

Salmo 119, 70

O salmista fala dos soberbos que não compreendem os caminhos de Deus e o perseguem, e utiliza uma imagem que já se encontra no profeta Isaías (cf. Is 6, 10), e que Cristo cita na parábola do semeador (cf. Mt 13, 15): a da *gordura* no coração.

Coração «espesso como a gordura» – essa é a expressão original – designa uma alma insensível às realidades divinas, às luzes e aos sentimentos espirituais. Entupido pela banha da vaidade, da ambição, da sensualidade, do hedonismo, do individualismo, o coração (centro e raiz de tudo na pessoa: cf. Mt 15, 19) é incapaz de enxergar, de se interessar e de aceitar as coisas de Deus.

É o que diz explicitamente São Paulo quando fala que o homem «animal» (puramente natural, materialista) *não aceita o que vem do Espírito de Deus; é loucura para ele, não o pode compreender* (1 Cor 2, 14). A esse tipo de homens e mulheres fechados no seu egoísmo, com os olhos e o coração cheios de gordura, aplicam-se as palavras proféticas: *Haveis de ouvir, e jamais entendereis; haveis de enxergar, e jamais vereis* (Mt 13, 14).

Já desde o começo da sua pregação, Jesus ensinou que são *felizes os puros de coração, porque eles verão a Deus* (Mt 5, 8). Quer dizer que a *pureza de coração* é uma condição indispensável para ter a alma iluminada pela fé e, em consequência, capacitada para compreender e amar a Deus, e para ver os demais com o olhar de Deus.

O *Catecismo da Igreja Católica* explica em que consiste a *pureza de coração*: «Designa aqueles que entregaram o coração e a inteligência às exigências da santidade de Deus, principalmente em três campos: *a caridade, a castidade ou retidão sexual, e o amor à verdade e à ortodoxia da fé*»[1].

Caridade

Trata-se do amor que constitui o *mandamento novo* de Cristo: *Que vos ameis uns aos outros como eu vos amei* (Jo 13, 34).

No livro de Saint-Exupéry *O pequeno príncipe*, a raposa ensina ao menino que «só se vê bem com o coração». Nós, com Jesus, deveríamos acrescentar: «com o *coração puro*». Pois bem, a primeira purificação do coração é o amor que espelha em si mesmo o amor de Deus. O coração que se purifica – no dizer de São Josemaria – contempla tudo «com as pupilas que o amor dilatou».

São João desenvolve essa verdade: *Aquele que não ama não conheceu a Deus, porque Deus é Amor; se nos amamos uns aos outros, Deus permanece em nós, e o seu Amor em nós é perfeito* (1 Jo 4, 8.12).

Quando procuramos viver assim, quando lutamos por amar, isto é, por estar desprendidos das amarras egoístas que nos afastam de dar-nos a Deus e ao próximo; quando nos decidimos a vencer a mesquinharia da alma e ser generosos em

---

(1) *Catecismo da Igreja Católica*, n. 2518.

vez de interesseiros, o coração – purificado também pela Confissão – vai limpando a «gordura» e tornando-se transparente à luz divina. Chega a ser então *bem-aventurado, feliz*.

Castidade

A *castidade* é a segunda condição da pureza de coração de que fala o *Catecismo*. São Paulo olha com tristeza para os que, *tendo conhecido Deus*, se afastaram da verdade divina: *Perderam-se em seus pensamentos fúteis* – lamenta –, *e seu coração insensato ficou nas trevas* (Rm 1, 21).

A seguir, o mesmo apóstolo diz algo que, infelizmente, a nossa experiência cotidiana verifica todos os dias: *Trocaram a verdade pela mentira. Por isso Deus os entregou a paixões avilantes* (Rm 1, 25-26). A gordura da sensualidade sem sentido, sem finalidade nem limite, entupiu tremendamente seu coração e seus olhos. A virtude da castidade – que eles não veem, nem valorizam nem entendem – parece-lhes, como tudo o que é autêntico e bom, um ideal incompreensível, quando não – como dizia um conhecido ateu – uma «doença sexual».

Esses homens e mulheres, muitos deles batizados, vivem ao pé da letra o que dizia o bom Padre Antônio Vieira: como não querem mudar de vida, mudam de fé, «porque desta maneira, já que a vida não concorda com a fé, ao menos a fé concordará com a vida»[2].

Neste ponto, é interessante constatar a ênfase com que São Tomás de Aquino repete que a cegueira espiritual é causada principalmente por dois vícios: a *luxúria* (sensualidade desordenada) e a *acídia* (preguiça espiritual, o tédio e repugnâncias pelas coisas de Deus).

---

(2) *Sermão da Quinta Dominga*, 1655.

O amor à verdade e à ortodoxia da fé

A pureza de coração é também honestidade e retidão na procura da Verdade; e, depois de recebermos a luz da fé, é fidelidade à *graça e à verdade que nos vieram por Jesus Cristo* (Jo 1, 17). Graça e verdade que Jesus entregou à sua Igreja para que a guardasse e a transmitisse em sua pureza, com a assistência do Espírito Santo. Falando do *depósito da fé*, São Paulo escrevia a Timóteo: *Guarda o bom depósito, por meio do Espírito Santo que habita em nós* (2 Tm 1, 14).

O amor à verdade pressupõe pureza, retidão da consciência, jogar limpo. Não pretender que a Verdade se adapte aos nossos gostos, teorias, ideias e conveniências. Não colocar uma barreira de «gordura» no nosso coração, que impeça a verdade de entrar ou só lhe permita chegar deformada.

Têm hoje grande vigência as palavras de São Paulo aos filipenses: *Buscam os seus próprios interesses, e não os de Jesus Cristo* (Fl 2, 21). Mesmo aparentando ser cristãos, e inclusive abusando da autoridade que possuem, podam, silenciam ou maquiam a Verdade para adaptá-la à moda, ao politicamente correto, ao «gosto do consumidor».

O coração puro abre-se à Verdade, à Palavra de Deus custodiada pelo Magistério autêntico da Igreja, como uma janela escancarada ao sol. Faz o que diz Jesus: *Quem age segundo a verdade, aproxima-se da luz* (Jo 3, 18.21).

Quem se aproxima da luz, sente a urgência de aprofundar na fé com a inteligência – com leitura, meditação e estudo –, com o coração – tornando-se amigo de Deus – e com a vida. Assim *os nossos olhos ficarão sempre fixos no Senhor* (Sl 25, 15).

17. Asas para fugir do mal

Temor e tremor me invadem,
e o espanto me envolve.
Então digo: «Ah! Se eu tivesse asas como a pomba
para voar em busca de descanso».
Fugiria para longe.

Salmo 55, 6-8

Todos nós, em momentos difíceis da nossa vida, já sentimos o desejo de fugir. Às vezes, esse desejo foi bom. Outras vezes, ruim. Vamos ver – nesta e mais duas meditações – a cara e a coroa desse impulso de fuga.

É santo o desejo de fugir de tudo o que nos faz mal e prejudica os outros; fugir sobretudo do que nos afasta de Deus e nos leva a ofendê-lo.

Pensemos, por exemplo, em três fugas que certamente são boas.

Fugir das ocasiões de pecado

É o que São Pedro *não* fez, no início da Paixão de Jesus. Cheio de boa vontade, conseguiu entrar no átrio da casa do sumo sacerdote, onde Jesus estava detido e acorrentado e se iniciava o processo que o levaria à cruz. Queria acompanhar de perto o que iria acontecer ao Mestre.

Esqueceu-se, porém da sua fraqueza. Na Última Ceia, horas antes, havia prometido a Jesus: *Ainda que todos se escandalizem por tua causa, eu jamais me escandalizarei* (Mt 26, 33). Bastou, no entanto, um primeiro embate, e caiu. Uma empregada da casa, quando o viu, disse-lhe: *Também tu estavas com Jesus, o galileu.* Pedro tremeu de medo («Vai que ela me denuncia e eu também sou preso»), e *negou diante de todos*: *Não sei o que dizes.*

Ficou assustado, mas não se afastou da área de perigo, de maneira que, diante de mais duas interpelações recaiu, *praguejando e jurando: Não conheço este homem!* O galo então cantou pela segunda vez, tal como Jesus havia anunciado, e Pedro, arrasado, saiu da casa e *chorou amargamente* (Mt 27, 69-75).

Você não vê que essa passagem da vida de Pedro nos fala das nossas covardias, das nossas quedas, das traições com que negamos a nossa fé e o nosso amor?

Por que isso? Muitas vezes, simplesmente, porque *não temos a coragem de fugir*. Dessa coragem falam muitos santos:

«O último recurso que tenho», dizia Santa Teresinha, «para não ser vencida nos combates da vida é fugir. [...] A minha última tábua de salvação é a fuga»[1].

E São Filipe Neri: «Na guerra contra a sensualidade, vencem os covardes»[2], os que fogem da ocasião perigosa.

Da mesma forma, São Josemaria aconselha: «Não tenhas a covardia de ser "valente"; foge!»[3].

Quantas reincidências temos nós, por não seguir esse conselho dos santos! Difamamos e caluniamos o próximo, porque não temos coragem de sair de um grupo que só comenta intrigas e mexericos. Ou caímos porque não largamos a «bala-

---

(1) *Manuscrito C*, f. 14v-15r.
(2) Pietro Bacci, *Vita de San Filippo Neri*, 2, 13, 18.
(3) *Caminho*, n. 132.

da» que sempre acaba nos levando a pecar contra a castidade e a fidelidade conjugal. Ou não damos um basta ao vício da pornografia na internet, deletando e fugindo. Ou não sabemos segurar a língua para evitar uma discussão violenta, que pode ter consequências ruins.

Fugir da tentação das desculpas

Uma das fraquezas que mais amolecem o caráter e prejudicam a vida espiritual são os pretextos e as desculpas.

«Pretextos. – Nunca te faltarão para deixares de cumprir os teus deveres. Que fartura de razões... sem razão! Não pares a considerá-las. – Repele-as e cumpre a tua obrigação»[4].

No capítulo 14 do Evangelho de São Lucas, há um relato de Cristo que poderíamos chamar «a parábola dos pretextos». Fala de um homem (símbolo Deus) que *deu um grande jantar e convidou a muitos*. «*Vinde, está tudo pronto!*» Mas todos, um a um, começaram a se desculpar. O primeiro disse: «*Comprei um terreno e preciso vê-lo... Outro lhe disse: «Comprei cinco juntas de bois e vou experimentá-las»... Outro ainda disse: «Casei-me, e por esta razão não posso ir».*

O anfitrião, indignado, exclui-os da participação na sua mesa, símbolo da união com Deus: *Eu vos digo que nenhum daqueles que haviam sido convidados provará o meu jantar* (Lc 14, 16-24).

Será que nós não agimos, com demasiada frequência, como esses convidados relapsos?

Somos convidados por Deus para um encontro pessoal com Ele na Eucaristia e na oração, ou Ele nos pede para melhorar o trabalho, ou colaborar com um serviço ao próximo, ou fazer um maior sacrifício pelo bem da família, ou levar a sério a for-

---

(4) *Idem*, n. 21.

mação cristã..., e fugimos, achamos desculpas, com máscara de razão e vestes esfarrapadas.

Faltam-nos as asas da coragem e da responsabilidade para fugir das desculpas.

Fugir da autossuficiência do ignorante

Só algumas palavras a respeito disso, começando por uns comentários realistas do então Cardeal Ratzinger. Falando do «resultado catastrófico da catequese moderna», dizia:

> Sem querer condenar a ninguém, é evidente que hoje a ignorância religiosa é tremenda, é só conversar com as novas gerações [...]. No pós-concílio não se conseguiu, evidentemente, transmitir concretamente os conteúdos da fé cristã. Precisamos nos conscientizar de que não mais conhecemos o cristianismo[5].

Onde falta conteúdo, sobra conversa fiada, sobram opiniões sem fundamento, meros palpites religiosos; e, o que é mais grave, falta uma *verdade* sobre a qual alicerçar a nossa fé. Daí a urgência de não nos acomodarmos na nossa ignorância religiosa, ficando assim vulneráveis ao contágio de todos os erros, «interpretações», confusões e omissões dominantes no ambiente.

Insisto. É preciso ter sinceridade e não andar nus – como o rei do famoso conto – imaginando que estamos vestidos. Faz-nos uma falta imensa, urgente, procurar a formação doutrinal católica que não recebemos e, portanto, não possuímos. E precisamos reconhecer que, para isso, é necessário ler, aprender, estudar constantemente, uma vez que nunca estamos suficientemente formados.

---

(5) Dag Tessore, *Bento XVI. Questões de fé, ética e pensamento na obra e Joseph Ratzinger*, Claridade, São Paulo, 2005, pág. 30.

18. Asas para fugir do bem

*Então digo: «Ah! Se eu tivesse asas como a pomba
para voar em busca de descanso».
Fugiria para longe.*

Salmo 55, 7-8

*Vamos quebrar suas correntes [de Deus]
e libertar-nos das suas algemas.*

Salmo 2, 3

Na meditação anterior considerávamos a necessidade de termos asas de sinceridade e coragem para fugir das tentações, das desculpas e da autossuficiência, que nos afastam de Deus. Refletindo por outro ângulo, pode-se afirmar que também tentações, desculpas e autossuficiência possuem asas – asas de morcego – para fugir da luz de Deus e esquivar-se do bem.

Sobre essas *asas de morcego* vamos meditar agora um pouco, fixando a atenção apenas em dois pontos.

Fugir da Cruz de Cristo

Já contemplamos a figura de São Pedro, fraco, que morria de medo de que descobrissem que era discípulo de Cristo, e assim não foi capaz de fugir da tentação.

Ora, antes disso, deu-se um episódio que nos permite enxergar as raízes mais profundas dessa fraqueza (cf. Mt 16, 16 e segs.).

Conta o Evangelho que, depois de Pedro ter feito, inspirado por Deus, uma magnífica profissão de fé na messianidade de Cristo – *tu és o Cristo, o filho do Deus vivo!* –, Jesus começou a anunciar a sua próxima Paixão e Morte. *A partir de então, Jesus começou a mostrar aos seus discípulos que era necessário que fosse a Jerusalém e sofresse muito dos anciãos, dos sumos sacerdotes e dos escribas, e que fosse morto e ressuscitasse ao terceiro dia.*

Pedro, sempre impulsivo, cheio de carinho por Jesus, não se conteve e, *tomando-o à parte, começou a repreendê-lo dizendo: Deus não o permita, Senhor! Isso não te acontecerá!*

A reação de Cristo parece exagerada: *Vai para trás de mim, Satanás! Tu estás sendo para mim uma pedra de tropeço, pois não tens em mente as coisas de Deus, e sim as dos homens.*

Jesus sabe que, na Cruz, vai expiar os nossos pecados e alcançar-nos a eterna salvação. Fugir da Cruz, para Ele, seria desertar da sua missão redentora (coisa que interessava muito a Satanás).

Jesus, que nos ama, tem plena consciência de que veio ao mundo *para servir e dar a vida em resgate por muitos* (Mt 20, 28). Justamente por ter sentimentos humanos, estremece no Horto ao pensar nos horrores da Cruz (cf. Mc 14, 33-34), mas, apesar disso, quer a Cruz com toda a alma e a abraça, porque arde em desejos de nos salvar: *Ninguém me tira a vida, mas eu a dou por vontade própria* (Jo 10, 18). *Ninguém tem amor maior do que aquele que dá a vida por seus amigos* (Jo 15, 13).

Cruz e amor, na vida de Cristo, e na do cristão, são inseparáveis. Quem é que acompanhou Jesus até a Paixão e a Cruz? Só aqueles que mais o amavam: sua Mãe, Maria; São João, o *discípulo amado*; Maria Madalena, a pecadora libertada de *sete demônios*. Os três sabem, ou pelo menos intuem, que da Cruz virão para o mundo todas as bênçãos e graças.

Quem compreende esse mistério, que só a fé e o amor podem iluminar, exclama como São Paulo: *Estou pregado na cruz com Cristo. Já não sou eu que vivo, é Cristo que vive em mim. Minha vida presente na carne, eu a vivo pela fé no Filho de Deus, que me amou e se entregou a si mesmo por mim* (Gl 2, 20).

Basta captar um lampejo do mistério da Cruz – precisamente o que Pedro não foi capaz de ver –, para mudarmos de atitude ante o *sofrimento* e o *sacrifício*. Percebemos então que, se abraçarmos a cruz em união com Cristo, acharemos o amor verdadeiro e colaboraremos com o Redentor para implantar, em todos os âmbitos da vida, o Reino do seu Amor (cf. Cl 1, 13)[1].

Fugir da vocação

Talvez você se lembre da história de um homem jovem, que – empolgado pela figura e a palavra de Cristo – correu afobadamente atrás de Jesus, lançou-se-lhe aos pés e disse: *Bom Mestre, que devo fazer para ganhar a vida eterna?* Jesus respondeu: *Conheces os mandamentos*. E citou vários dos dez mandamentos da Lei de Deus. *Mestre* – retrucou o moço –, *tudo isso eu tenho observado desde a minha adolescência*. Jesus, então, fixou os olhos nele *com amor* e o chamou para uma vocação de entrega total, como homem de confiança de Deus, como apóstolo: *Só te falta uma coisa: vai, vende tudo o que tens, dá o dinheiro aos pobres e terás um tesouro no céu. Depois, vem e segue-me!*

É a história de uma vocação maravilhosa, que começou tão bem... e terminou tão mal: *Ao ouvir isso, ele, pesaroso, foi embora cheio de tristeza, pois possuía muitos bens* (Mc 10, 17-22).

A figura do rapaz que recusa o chamado de Cristo perde-

---

(1) Sobre a cruz na vida do cristão, cf. o nosso *A sabedoria da Cruz*, 3ª edição, Quadrante, São Paulo, 2018.

-se, de ombros caídos e cabeça baixa, como uma sombra que se vai diluindo à medida que se afasta. Nunca mais no Evangelho se fala dele. *Fugiria para longe!* Só resta dele uma imagem de tristeza.

Como diria nosso Senhor de alguns dos fariseus e escribas: *Frustraram o desígnio de Deus a seu respeito* (Lc 7, 30). E isso é triste.

Não duvidemos. A plena realização humana e cristã de cada um de nós consiste na fidelidade generosa e perseverante à vocação que Deus nos dá: procurar Deus e servir o próximo no celibato, no matrimônio, no sacerdócio, em todas as profissões e tarefas honestas desta terra..., assumindo a missão que, nessa vocação, o Senhor nos confia.

Todos temos vocação divina, *todos* recebemos uma chamada divina para a plenitude do amor, para a santidade.

Numa anotação de 1938, São Josemaria Escrivá afirmava: «Tens obrigação de santificar-te. – Tu também. – Alguém pensa, por acaso, que é tarefa exclusiva de sacerdotes e religiosos? A todos, sem exceção, disse o Senhor: "Sede perfeitos, como meu Pai Celestial é perfeito"»[2].

Com grande vibração, repisava essa mesma doutrina na cidade de São Paulo, no dia 1º de junho de 1974. Respondendo à pergunta de um engenheiro, dizia:

> Além disso, o Senhor pede a todos nós – a você e a mim também – que sejamos santos. Não sou eu que o digo, é Ele: «Sede santos, como é santo meu Pai Celestial». E isso não o diz somente aos que vestimos essas coisas [apontava para a batina]. Diz a todos. Aos casados, às casadas, aos solteiros, aos operários, aos intelectuais, aos trabalhadores rurais... A todos![3]

---

(2) *Caminho*, n. 291.

(3) Francisco Faus, *São Josemaria Escrivá no Brasil*, 3ª edição, Quadrante, São Paulo, 2017.

É uma doutrina cativante, que a Igreja assumiu e proclamou vigorosamente em 1964, no documento central do Concílio Vaticano II[4], e que recentemente o Papa Francisco quis lembrar de novo na Exortação apostólica *Gaudete et exsultate*, de 19 de março de 2018.

Convençamo-nos de que a fidelidade às exigências divinas da nossa vocação – exigências de Amor a Deus e ao próximo – é o caminho que nos levará à santidade e à alegria. Certamente, recusas como a do jovem rico podem vir a ser sanadas pela misericórdia infinita de Deus. Mas, como no caso dos infartados, sempre ficará uma cicatriz no fundo do coração. Mesmo assim, se formos humildes e sinceros, Nosso Senhor não deixará de chamar-nos à santidade, por outras vias, e de nos oferecer a graça necessária.

---

(4) Constituição dogmática *Lumen gentium* sobre a Igreja, 21.11.1964, Capítulo V.

19. Asas para nos refugiarmos

Ó Deus, tem piedade de mim,
pois em ti me refugio.
Abrigo-me à sombra das tuas asas
até que passe a calamidade.

Salmo 57, 2

Guarda-me como a pupila dos olhos,
protege-me na sombra das tuas asas.

Salmo 17, 8

Tu foste o meu auxílio;
exulto de alegria à sombra das tuas asas.

Salmo 63, 8

A expressão simbólica do refúgio sob as asas de Deus, que se repete nos Salmos, evoca a imagem tocante da ave que protege a sua ninhada, estendendo as suas asas sobre ela. O próprio Cristo a utilizou. Olhando para Jerusalém, entristecido pela resistência que muitos de seus filhos lhe tinham oposto, dizia: *Jerusalém, Jerusalém... Quantas vezes eu quis ajuntar os teus filhos, como a galinha recolhe os seus pintainhos debaixo das suas asas, e tu não o quiseste!* (Mt 23, 37)

Os Salmos convidam-nos a esperar em Deus, a não virar-lhe as costas como as gentes de Jerusalém: *Quem está sob a proteção do Altíssimo, morará à sombra do Onipotente, dizendo ao Senhor: «Meu refúgio, minha fortaleza, meu Deus em quem confio»* (Salmo 91, 1-2).

Será que nós confiamos nEle assim? Uma das primeiras coisas que Jesus quis incutir no nosso coração, bem no início da sua pregação, foi a confiança total no amor com que Deus nos ama (cf. Mt 6, 25-34). Jesus, até a sua última hora, falou-nos com ternura dos desvelos do Pai para conosco: *O próprio Pai vos ama* (Jo 16, 27).

Se Deus é por nós – concluía São Paulo –, *quem será contra nós?* (Rm 8, 31).

As palavras de Jesus encantam, mas ao mesmo tempo, pela fragilidade da nossa fé, podem desconcertar-nos:

Não vos inquieteis com a vossa vida. [...] Olhai as aves do Céu, não semeiam nem colhem nem guardam em celeiros. No entanto, vosso Pai celeste as alimenta. [...] Vosso Pai celeste sabe o que precisais [...]. Olhai como crescem os lírios do campo. [...] Se Deus veste assim a erva do campo, que hoje está aí e amanhã é lançada no forno, não fará ele muito mais por vós, gente de pouca fé? (Mt 6, 25-34)

São afirmações tocantes, mas ao meditá-las pode surgir na alma esta pergunta: «Não será isso um conto de fadas?». As tribulações da vida, as dores, as perdas, os fracassos, as injustiças, os desencantos... podem levar-nos a pensar: «Deus se esqueceu, Ele não olha, Ele não cuida...».

Quando fala que Deus Pai nos vê, nos ama e cuida de nós – *não tenhais medo, pois valeis mais do que muitos pássaros?* (Mt 10, 31) –, Jesus está revelando o mistério da Providência divina. Deus é Pai e quer o nosso bem. Ele sabe que, às vezes, reagiremos como a criança que berra e esperneia quando o pai lhe proíbe o joguinho eletrônico durante as horas de estudo, ou quando o leva ao hospital para uma cirurgia pesada que lhe vai salvar a vida.

19. ASAS PARA NOS REFUGIARMOS

São Paulo, com uma vida cheia de trabalhos e sofrimentos, compreendia bem isso, e a sua confiança filial não se abalava. Veja a certeza com que vivia e nós também deveríamos viver: *Deus faz concorrer todas as coisas para o bem daqueles que o amam* (Rm 8, 28). Deus (se o amamos) *encaminha* todas as coisas para o nosso bem: as que parecem boas e ótimas, e as que parecem más e horrorosas.

Romano Guardini comentava assim as palavras de Jesus sobre os lírios do campo e os passarinhos:

> Tudo isto significa: «Na vossa existência, na vossa vida, em tudo o que vos diz respeito, estais envolvidos por uma bondade infinita. Aconteça o que acontecer, nada é devido ao acaso, mas tende para o vosso bem, pois é uma atenção cheia de amor, de que vós sois o objeto, que dirige o curso das coisas[1].

A história do cristianismo não é um conto de fadas; é uma história cheia de tribulações. Ao mesmo tempo, é um rio incessante de alegrias humanamente inexplicáveis[2].

Se quer ver um «armazém» transbordante de alegrias, leia a história dos mártires dos primeiros séculos, que iam aos leões do circo romano rezando e cantando; ou a da plêiade dos santos e santas de todas as épocas que foram perseguidos, encarcerados, torturados, incompreendidos, e mantiveram a paz no meio do sofrimento, felizes e serenos porque ninguém lhes podia roubar seu maior tesouro, o amor a Deus, o amor ao próximo, até mesmo o amor aos seus algozes.

Você conhece, por exemplo, a história de Santa Rita de Cássia? E a de São Thomas More, chanceler da Inglaterra e mártir? E, nos nossos dias, a de Santa Edith Stein, morta na

---

(1) *O Deus vivo*, Aster, Lisboa, pág. 27.
(2) Sobre esse tema, cf. o nosso *As verdadeiras alegrias*, Quadrante, São Paulo, 2016.

câmara de gás de Auschwitz? Ou a da ex-escrava sudanesa Josefina Bakhita, em cujo pobre corpo não sobrava mais lugar para cicatrizes? Ou a do arcebispo vietnamita François-Xavier Nguyen van Thuân, treze anos preso, isolado e maltratado pelos comunistas? Ou a do Padre Pio? E, mais recentemente, a dos cristãos egípcios degolados na Líbia pelo Estado Islâmico? Ou a dos trapistas do mosteiro de Nossa Senhora do Atlas, decapitados por fanáticos na Argélia?

Leia a biografia de alguns deles. Seja qual for, em todas elas encontrará, no meio de sofrimentos que nós jamais desejaríamos, uma paz e uma alegria que talvez não tenhamos experimentado nunca.

Também milhares de outros santos e santas de vida simples, pessoas comuns, que, como todos nós, conjugaram satisfações e sofrimentos na rotina cotidiana, nos falariam de sua feliz segurança interior. Se escutasse sua oração, ouviria: *Senhor, tu foste o meu auxílio; exulto de alegria à sombra das tuas asas* (Sl 63, 8).

Sim. Aquele que vive sob a proteção das asas divinas, tem a experiência de que sofrer com Deus pode ser, às vezes, heroico; mas sofrer sem Deus é sempre horrível.

Por isso, vale a pena acreditar em São Pedro que, na época das grandes perseguições e martírios, escrevia, com toda a paz: *Descarregai em Deus a vossa preocupação, pois ele é quem cuida de vós* (1 Pd 5, 7).

Quem está sob a proteção do Altíssimo, morará à sombra do Onipotente, dizendo ao Senhor: «Meu refúgio, minha fortaleza, meu Deus em quem confio».

20. Uma coruja entre ruínas

Inclina para mim o teu ouvido;
  quando te invoco, atende-me depressa.
Pois meus dias se dissipam como fumaça,
  e os meus ossos ardem como fogo.
Pareço um pelicano no deserto,
  sou como uma coruja entre ruínas.

Salmo 102, 3-4.7

Conversava há pouco com um amigo sobre a triste estatística de suicídios de adolescentes e jovens, que cresce de ano para ano.

Veio-me então à memória o caso de uma menina de 16 anos, morta após despencar de um dos últimos andares de um prédio, onde uma turma de colegas consumia drogas. Era agosto de 1990. Recortei e conservo uma reportagem da *Folha de São Paulo*, que reproduz umas linhas escritas pela pobre criatura pouco antes de morrer, como um desabafo. Transcrevo uns trechos:

> Em 1º lugar, eu queria viver, mas eu vivo o problema não é esse. O problema é ter que viver para quê? Ou para quem? Eu quero encontrar algo que me faça querer viver eternamente. [...] Me sinto às vezes tão vazia, que quero botar tudo para fora, mas não consigo[1].

---

(1) «Eu quero encontrar algo que me faça querer viver eternamente». *Folha de São Paulo*, C3, 17.08.1990.

Naquela conversa com o amigo, falamos desse vazio. Quanta gente jovem cresce hoje sem ideais, sem fé, sem valores. Não sabem encontrar um sentido para a vida. Então, como a menina, se apegam a algo, a alguém, até que percebem que «não é isso o que meu coração procura». Tudo volta então ao mesmo vazio, e aumenta a vertigem interior. A menina sentia isso, e escreveu: «Por que será que eu fico com raiva dos meninos que eu fico?».

Penso que as imagens do salmo que encabeçam esta meditação podem nos dar alguma luz.

Pareço um pelicano no deserto

Não sei se o leitor teve oportunidade de assistir a uma reportagem televisiva muito interessante sobre o deserto da Namíbia, no sudoeste da África. A desolação quase total do deserto transforma-se, ao chegar a época das chuvas, numa paisagem de vegetação florescente, com riachos, lagoas e lagos que atraem numerosa população animal.

A reportagem mostrava uma das lagoas em que os peixes ressurgiam com as chuvas. Estava repleta de pelicanos que até ali migravam na época da reprodução. Pouco depois, porém, vinha de novo, rapidamente, a seca. As aves fugiam, dirigindo-se para outras latitudes, mas alguns filhotes retardatários, que haviam ficado na lagoa já seca, definhavam tristemente e morriam.

Um *pelicano no deserto*, se não achar a rota salvadora de outras águas, é um condenado à morte na solidão e no ardor implacável do sol.

Não acha que essa é uma imagem muito expressiva da juventude sem rumo e, em geral, do ser humano sem norte nem sentido para a vida?

Nos *Irmãos Karamázov*, Dostoiévski escreve: «A essência íntima do homem não é apenas viver, mas viver para alguma coisa. Sem uma noção firme do motivo para que vive, o homem não há de querer viver, e preferirá destruir-se»[2].

Assim andava, sem rumo, André Frossard, filho do primeiro secretário-geral do Partido Comunista francês, até que Cristo, inopinadamente, o «apanhou». «Eu não tinha identidade», escreveu. «Deus foi o primeiro a dar-me um nome, assim como no íntimo te chama a ti que me lês e que, grande ou pequeno, célebre ou humilde, só és conhecido por Ele»[3].

Só Deus pode nos mostrar o rumo que salva do deserto. Só Ele pode nos dar um *nome novo* (Ap 2, 17) e derramar na nossa alma as águas vivas da graça do Espírito Santo, *que saltam até a vida eterna* (Jo 4, 14). E, com elas, a paz e a alegria (Gl 5, 22).

Sou como uma coruja entre ruínas

No Velho Mundo, é frequente ver corujas aninhadas em velhas ruínas de cidades ou de construções antiquíssimas.

A coruja é uma ave noturna, inimiga da luz. Na luz, seus olhos abertos pouco enxergam. À noite, distinguem muito bem as lagartixas, os ratinhos e outros bichos de que se alimentam.

A nossa vida tem finalidade, mas é preciso ter olhos para vê-la. Cada ser humano veio ao mundo para ser protagonista de um programa divino. Deus não nos lançou à toa no mundo; tem um projeto para cada um de nós, que nos vai dando a conhecer de muitos modos com a sua graça. Depende da nossa liberdade aceitá-lo, dizendo «sim» a cada apelo divino, ou recusá-lo, e mergulhar na noite de um labirinto sem guia. Então será lógico que sintamos como o protagonista de outro Salmo: *Sou como os que dormem nos sepulcros* (Sl 88, 6).

Impressiona ler o que Simone de Beauvoir escreveu sobre

---

(2) *Os Irmãos Karamázov*, volume III, José Olympio, Rio de Janeiro, 1955, pág. 491.
(3) *Há um outro mundo*, Quadrante, São Paulo, 2003, pág. 13.

Deus, numas páginas autobiográficas: «Deus? Uma noite, eu o apaguei». Não será por isso que a sua vida, como a de seu companheiro Jean-Paul Sartre, se transformou em *La Nausée*, «a náusea»?

Quando nos sentirmos perdidos e solitários, como cegos rodeados de ruínas, temos de pedir a Deus que nos ajude a fazer um duplo tratamento espiritual:

— Por um lado, um *tratamento oftalmológico*. Cuidar das vistas da alma. Pedir a Jesus, como o cego Bartimeu: *Senhor, que eu veja!* (Lc 18, 41). Ou como os Apóstolos: *Aumenta-nos a fé* (Lc 17, 5). E, ao mesmo tempo, esforçar-nos por conhecer a fundo, cada vez melhor, o «desconhecido» de muitos cristãos: Jesus, o Cristo, a *Luz verdadeira que, vindo ao mundo, ilumina todo homem* (Jo 1, 9)[4].

— Por outro, um *tratamento cardíaco*. Abrir-nos aos poucos ao Amor, que é Deus, porque sem amor nada se entende. *Eu vos chamei amigos*, dizia Jesus antes de dar a vida por nós (Jo 15, 15). Ele nos ama e nos oferece a sua amizade. E nós? Às vezes, parece que perambulamos estonteados no meio de ruínas. Só o coração disposto a amar a Cristo e a ganhar intimidade com Ele – na oração, na Eucaristia, no próximo necessitado com quem Ele se identifica – é que nos pode tirar dos escombros e iluminar a existência, até os menores dos nossos atos.

---

(4) Para uma primeira aproximação à vida e aos ensinamentos de Jesus Cristo, cf. José Miguel Ibañez Langlois, *Jesus: uma figura fascinante*, Quadrante, São Paulo, 2018.

21. Unido ao meu Deus saltarei o muro

Eu te amo, Senhor, minha fortaleza.
Senhor, meu firme apoio, meu baluarte, meu
  libertador,
ó meu Deus, minha rocha de refúgio,
meu escudo, força da minha salvação, meu asilo!
Porque por ti acometo os esquadrões inimigos,
e com o meu Deus venço qualquer barreira.
Salmo 18, 2-3.30

Na Nova Vulgata – versão oficial latina dos Salmos, que buscou a plena fidelidade ao original hebraico –, lemos no versículo 30: *in Deo meo transiliam murum*, literalmente: «Unido ao meu Deus, saltarei o muro».

Este verso do Salmo fez-me lembrar a reportagem filmada de uma reunião de São Josemaria Escrivá com jovens, em outubro de 1972, no centro esportivo BRAFA, de Barcelona. São Josemaria comentou com os assistentes algo que tinha visto recentemente nos resumos diários da TV italiana sobre os Jogos Olímpicos daquele ano.

Referiu-se a cenas de saltos com vara. Descrevia, expressivamente, como o atleta olhava para o objetivo que tinha de ultrapassar (o sarrafo colocado entre cinco e seis metros de altura), lembrava como se aproximava correndo com a vara, tentava e não conseguia. Voltava a tentar de novo, e nada! Mas «não perdia o humor», dizia o santo. Com os olhos abaixados, deixava os músculos relaxarem, meditava sobre aqueles fracassos e voltava a tentar. E, na terceira ou quarta vez, «podia», superava a meta.

São Josemaria tomou ocasião disso para explicar como deveria ser a luta espiritual do cristão atrás da meta do Amor a Deus e ao próximo, da santidade, sabendo que será preciso superar obstáculos e saltar barreiras. «Vocês e eu», dizia-lhes, «para saltar e vencer, temos a graça de Deus (a "vara") e a proteção de Santa Maria. De maneira que podemos! Mas lutando».

Quase tudo, nas imagens dos Jogos, era referência válida: primeiro o desejo firme do atleta de conseguir; depois, seu empenho total (na olimpíada não se brinca); a seguir, a esperança que devia manter para não abandonar; e ainda a perseverança no esforço, repetido uma e outra vez, sem desistir por causa dos fracassos.

Quantas vezes o mesmo santo usou dessas comparações com o esporte e o atletismo para falar das coisas espirituais, como São Paulo fazia (cf. 1 Cor 9, 24-27; Fl 3, 12-14):

> A luta ascética [a luta espiritual cristã] não é algo de negativo nem, portanto, odioso, mas afirmação alegre. É um esporte.
>
> O bom esportista não luta para alcançar uma só vitória, e à primeira tentativa. Prepara-se, treina durante muito tempo, com confiança e serenidade: tenta uma vez e outra, e, ainda que a princípio não triunfe, insiste tenazmente, até ultrapassar o obstáculo[1].

Pode nos ajudar agora lembrar *três qualidades* que deve cultivar o *bom atleta de Cristo* (cf. 2 Tm 2, 3.5).

---

(1) *Forja*, n. 169.

Fortaleza

Precisamos da virtude da fortaleza para não nos deixarmos vencer pelo cansaço nem pelo desânimo. Agora, a nossa fortaleza vem de Deus – *porque tu és, Deus, a minha fortaleza* (Sl 43, 2) –, e para obtê-la, precisamos pedir. Por isso, o primeiro passo é termos *mais fé em Deus*.

Com o meu Deus venço qualquer barreira: precisamos de uma fé que, na nossa vida espiritual, se manifeste especialmente pela oração. «Faz o que possas», escreve Santo Agostinho, «*pede* o que não possas, e Deus te dará o necessário para que possas»[2].

É sabido que Santo Agostinho teve que orar e lutar muito para alcançar a virtude da castidade. Baseando-se na sua experiência pessoal, afirmava: «Ninguém pode ser casto, se Deus não lho concede».

Em todas as nossas lutas por melhorar – seja qual for a virtude –, acontece o que sucedeu a Pedro naquela ocasião em que se afundava, ao tentar caminhar sobre o mar. Cheio de medo, pediu socorro, e Jesus estendeu-lhe a mão. Segurando-o disse-lhe: *Homem de pouca fé, por que duvidaste?* (Mt 14, 25-31). Pedro tentou. Ao ver que não conseguia, orou – *salva-me!* –, e Jesus o ajudou a conseguir o impossível.

Ao lado da fé, é preciso *vencer a moleza*. A preguiça é habitualmente o primeiro inimigo a ser derrotado. Os atletas sabem muito bem que – por mais que lhes ofereçam uma magnífica vara – nunca chegarão a saltar se não aceitam os sacrifícios necessários para se prepararem (o treinamento exigente, a alimentação disciplinada, o descanso devido, a supressão de bebidas e excessos).

Você «quer» mesmo amadurecer na vida cristã? Então peça a Deus a graça e decida-se a fazer os sacrifícios, pequenos e menos pequenos, que são necessários para alcançar a meta: sofrear a língua, dominar a curiosidade e a gula, sobrepor-se ao mau humor (a «avó atrás do toco», diria um mineiro); refrear a

---

(2) *De natura et gratia*, 43, 50.

sensualidade; definir um horário bem concreto para cada dia; praticar mortificações e penitências que libertem da tirania dos vícios (a perda de tempo com o celular e as redes sociais!), e levem ao autodomínio[3].

Humildade

Precisamos ter, como os bons atletas, a humildade de recomeçar, de tentar sempre de novo, sem permitir que o amor-próprio nos afunde no complexo de fracasso e nos leve a desistir. Não duvide de que é a soberba, o orgulho, o que nos torna pessimistas, «derrotados prévios», antes de termos feito o que devíamos fazer. A soberba, perante as falhas, não aguenta ver a «imagem pessoal» prejudicada. Então, larga a «vara».

Por isso, dá muita paz ouvir um santo dizer: «O cristão não é nenhum colecionador maníaco de uma folha de serviços imaculada»[4]. E acrescentar: «Santo não é o que não cai, mas o que se levanta sempre, com humildade e com santa teimosia»[5].

Quando falhamos e logo depois pedimos perdão a Deus e, se preciso, nos confessamos; quando, movidos pelo amor, além de pedir perdão, nos esforçamos por levantar-nos o quanto antes e fazer algo para reparar o erro cometido, então podemos ter a certeza de que não só não fracassamos, como avançamos e ficamos mais perto da vitória.

Perseverança criativa

A perseverança não é continuidade rotineira: deve ser criativa. Após o ato falho (que muitas vezes será um pecado), te-

---

(3) Sobre esse tema, cf. o nosso *Autodomínio: Elogio da temperança*, 2ª edição, Quadrante, São Paulo, 2016.
(4) São Josemaria Escrivá, *É Cristo que passa*, n. 75.
(5) Idem, *Amigos de Deus*, n. 131.

mos que nos perguntar: «Que devo fazer, não apenas para evitar reincidir, mas para avançar positivamente, para subir mais um degrau na virtude em que agora fraquejei?»

Fazendo essa reflexão com sinceridade, conseguiremos descobrir passos concretos a dar, e seremos «criativos». Por exemplo:

— «Devo afastar-me daquele ambiente, não volto mais ali»;
— «Devo começar logo o trabalho diário (oferecendo-o a Deus) sem perder tempo com papos inúteis entre colegas»;
— «Devo acordar meia hora antes, para não deixar de fazer a oração e uma leitura espiritual»;
— «Devo mortificar a curiosidade (não vou olhar os WhatsApp até tal hora, depois de ter cumprido tal dever; vou bloquear ou deletar na hora todo tipo de inutilidades, mexericos e pornografia)»;
— «Vou pedir ajuda a Nossa Senhora mal desponte uma nova tentação»;
— «Vou me decidir a ter uma direção espiritual regular».

Em suma, «salta o muro», como diz o salmo, aquele que é fiel na luta, ainda que pareça avançar pouco. Salta o muro aquele que não abandona o barco apesar dos perigos de naufrágio. Salta o muro quem persevera em lutar para fazer o que Deus lhe pede, mesmo que não veja resultados. Agindo assim, com ou sem resultados imediatos, Deus lhe dirá: «Você obteve o melhor "resultado": soube amar, ser fiel. Por isso, mesmo falhando, venceu a prova».

22. Não te irrites: só vai piorar

Desiste da ira, depõe o furor,
não te irrites, só iria piorar.
Mas os mansos herdarão a terra,
vão se alegrar com uma paz imensa.
                                    Salmo 37, 8.11

    A ira toma conta de nós, quase sempre, sem avisar. É a reação espontânea diante de uma contrariedade, um insulto, uma injustiça... Temos a triste tendência de passar dos limites na irritação e ficar depois envergonhados: «Por que fui explodir assim?»; «Por que não me dominei?».
    O autodomínio não é, principalmente, questão de força de vontade, de autocontrole. É verdade que o nosso temperamento influi muito nas nossas reações e até explosões de ira: uma pessoa fleumática, acomodada, reage menos violentamente que outra que é «sanguínea», como se dizia antigamente.
    Mas a verdadeira força da mansidão (da virtude que vence a ira) está, em primeiro lugar, na oração, em obter a graça de Deus para não nos irritarmos tão facilmente: «Coração misericordioso de Jesus, dai-me a paz».
    Em segundo lugar, a verdadeira mansidão é como um *bunker* seguro do coração, que evita desmandos e desastres quando está alicerçada sobre três virtudes: a humildade, a compreensão e a paciência.

Coração humilde

Lembra as palavras confortadoras de Jesus? *Aprendei de mim, que sou manso e humilde de coração, e encontrareis descanso para as vossas almas* (Mt 11, 29).
No coração de Cristo, mansidão e humildade são inseparáveis. Basta que meditemos no que Jesus passou por nós nas atrocidades da Paixão, sem se revoltar, sem devolver mal por mal, sem gritar nem acusar, antes: orando pelos seus carrascos e perdoando: *Pai, perdoa-lhes: não sabem o que fazem* (Lc 23, 24).

Jamais Cristo fez sentir a ninguém a superioridade da sua pessoa; e isso não porque Ele não tivesse consciência da sua autoridade e da plenitude do seu poder, mas porque seu coração era simples e bom para com todos[1].

A pessoa realmente humilde não se considera superior a ninguém. Tem um forte fundo de respeito pelos demais, talvez porque tem um fundo forte de adoração, de gratidão e de respeito para com Deus, esse Deus que é Pai de todos e *faz nascer o seu sol sobre maus e bons* (Mt 5, 45); esse Pai que nos concede muitas graças e nos perdoa muitas ofensas.
Além disso, o cristão vai crescendo aos poucos numa forma madura de amor, que consiste em descobrir Cristo nos que padecem, tanto pelos males físicos como pelos males morais: enfermos de soberba doentia, de intemperança, de egocentrismo, de pessimismo, de ódio... (cf. Mt 25, 40)

Coração compreensivo

Compreender não consiste em justificar os erros dos outros, muito menos em compactuar com eles. Já meditamos sobre

---

(1) Urban Plotzke, *Mandamiento y vida*, Rialp, Madri, 1985, pág. 98.

isso. Quando o bem do próximo exige corrigir ou punir com justiça, podemos e devemos fazê-lo, sempre sem ódio, antipatia ou espírito de vingança. A raiva esteriliza qualquer tentativa de corrigir com eficácia.

«A mansidão é feita», diz uma alma contemplativa, «de uma lucidez que ilumina os seres na sua claridade divina, fixando deles apenas as razões que temos para confiar e amar»[2].

Como seria bom que todos pensassem assim, nas relações familiares, profissionais e sociais!

Coração paciente

No Sermão da Montanha, a segunda das Bem-aventuranças cita o salmo que meditamos: *Bem-aventurados os mansos, porque possuirão a terra* (Mt 5, 4). Jesus refere-se à Terra Prometida, que para nós é o Céu, e também a esta terra nossa, onde ainda temos que viver e lutar. A ira pode fazer perder o Céu, e certamente faz perder o melhor desta terra: os corações dos outros.

O teu mau gênio – diz Salvatore Canals –, as tuas reações bruscas, os teus modos pouco amáveis, as tuas atitudes desprovidas de afabilidade, a tua rigidez tão pouco cristã, são a causa de que te encontres só, na solidão do egoísmo, da pessoa amarga, do eterno descontente, do ressentido; e são a causa de que também à tua volta, em vez de amor, haja indiferença, frieza, rancor e desconfiança. [...]

Nunca percamos de vista que o Senhor prometeu a sua eficácia às caras alegres, aos modos afáveis e cordiais, à palavra clara e persuasiva que dirige e orienta sem magoar: *Bem-aventurados os mansos, porque possuirão a terra*[3].

---

(2) Um Cartuxo, *Silêncio com Deus*, Aster, Lisboa, 1959, pág. 148.
(3) Salvatore Canals, *Reflexões espirituais*, 3ª edição, Quadrante, São Paulo, 1988, págs. 55-57.

A *Imitação de Cristo* diz que o coração manso e humilde é «vencedor de si mesmo e senhor do mundo». Para alcançar esse «domínio» santo, recomenda: «Procura manter-te em paz a ti mesmo, e então poderás pacificar os outros»[4]. Nesta mesma linha, São Josemaria aconselhava: «Não repreendas quando sentes a indignação pela falta cometida. – Espera pelo dia seguinte, ou mais tempo ainda. – E depois, tranquilo e com a intenção purificada, não deixes de repreender»[5].

Salvatore Canals, no livro já citado, diz ainda:

> Procura sempre, por meio da mansidão cristã, que é amabilidade e afabilidade, ter nas mãos os corações das pessoas que a Providência divina pôs no caminho da tua vida e recomendou aos teus cuidados. Se perdes o coração dos homens, dificilmente poderás iluminar-lhes as inteligências e conseguir que as suas vontades sigam o caminho que lhes indicas. [A] confiança não é coisa que se imponha, mas algo que se inspira[6].

Muitos pais e mães, professores e professoras, deveriam meditar nisso.

Terminemos essa meditação com umas palavras interessantes de Riobaldo, o personagem central de *Grande Sertão: Veredas*. No seu longo monólogo, conta a seu interlocutor um conselho recebido do irrequieto Zé Bebelo: «Raiva mesma nunca se deve de tolerar de ter. Porque, quando se curte raiva de alguém, é a mesma coisa que se autorizar que essa própria pessoa passe durante o tempo governando a ideia e o sentir da gente: o que isso era falta de soberania, e farta bobice»[7].

---

(4) Livro II, 3, 1.
(5) *Caminho*, n. 10.
(6) Salvatore Canals, *Reflexões espirituais*, pág. 54.
(7) João Guimarães Rosa, *Grande Sertão: Veredas*, 19ª edição, Nova Fronteira, 2001, pág. 253.

23. Não rejeites com ira o teu servo

Tomai cuidado, ó reis;
*   instruí-vos, vós que governais a terra.*
Servi ao Senhor com reverência,
*   e louvai-o com temor;*
prestai-lhe vassalagem,
*   para que não se indigne e pereçais pelo caminho.*

Salmo 2, 10-12

Não escondas de mim a tua face.
*   Não rejeites com ira o teu servo.*
És meu auxílio:
não me deixes, não me abandones,
Deus, meu salvador.

Salmo 27, 9

No capítulo anterior, meditamos sobre a virtude da mansidão. Neste, meditaremos sobre a virtude da santa indignação.

A santa indignação é a face positiva da *paixão* da ira que, como todos os impulsos naturais da emotividade, pode ser canalizada para o bem ou para o mal. O segredo da autenticidade da ira boa é o amor: se o amor estiver presente como seu motivo e sua força, a indignação será santa, a ira será boa; se não estiver, será ruim.

São Tomás de Aquino insiste em que a ira é uma *força* positiva que pode tornar as virtudes mais vigorosas. Chega a dizer que a ira procedente do *zelo* pelo bem, constitui a autêntica força de defesa e de resistência da alma[1]. Pense no exemplo de um jornalista que, sem ofender as pessoas, apaixona-se por defender os valores morais cristãos, ou luta com as armas da verdade para desmascarar calúnias contra inocentes.

Com essas premissas, meditemos agora sobre três tipos de ira boa.

A ira divina

Deus é o Amor, é o «único bom» (cf. 1 Jo 4, 8 e Mc 10, 18). É evidente que o Amor total e a Bondade pura são incompatíveis com a mentira e a maldade. Não há combinação possível. *Deus é Luz* – diz são João – *e nele não há treva alguma* (1 Jo 1, 5). E São Paulo: *Que comunhão pode haver entre a luz e as trevas?* (2 Cor 6, 14).

A Bíblia fala com frequência da *ira de Deus*. É expressão tanto da sua justiça como do seu amor. O Amor por essência não pode ficar indiferente em face do Mal. As almas humildes, que se sabem pecadoras, rezam com o segundo salmo que acima citamos: *Não rejeites com ira o teu servo; és meu auxílio, não me deixes*. E alegram-se com a certeza de que *o Senhor é misericordioso e compassivo, lento para a cólera e rico em bondade* (Sl 103, 8).

Deus é bom, mas a sua bondade não é a de um papai Noel de açúcar-cande. Deus quer o nosso bem, quer a nossa felicidade eterna. Por isso não brinca. Se precisa falar forte, fala; se precisa ameaçar e lembrar que o mal será punido, não esconde essa verdade. *Tomai cuidado, ó reis... Servi ao Senhor com reverência..., para que não se indigne e pereçais pelo caminho*, diz o primeiro salmo citado no cabeçalho deste capítulo. Bem o

---

(1) Cf. *Suma Teológica* I, q. 81, a. 2; II-II, q. 158, a. 1 c.

entendia São Paulo quando alertava: *Não vos iludais; de Deus ninguém zomba* (Gl 6, 7).

A ira santa de Jesus

Jesus, Deus e homem verdadeiro, sabe o que é o Mal. Jesus sabe quais são os ardis de Satanás (cf. Mt 4, 1-11). Por isso, por amor de nós (pois Ele veio para nos salvar), manifesta diversas vezes a sua santa indignação.

É notável perceber que nunca se indigna por ofensas meramente pessoais: basta ver seu silêncio e mansidão perante as cusparadas, bofetadas, açoites, burlas e insultos da Paixão. Mas reage com santa ira, movido pelo amor de Deus Pai e pelo amor de nós, perante a ação do mal, especialmente do mal que pode enganar inocentes e fazê-los tropeçar e cair.

Assim, nós o vemos no Templo de Jerusalém, de chicote na mão, indignado contra os vendilhões que profanam a casa de Deus. Ele os expulsa: *Tirai tudo isto daqui; não façais da casa de meu Pai uma casa de comércio*. Os discípulos, então, lembram-se de que estava escrito: *O zelo da tua Casa me devorará* (Jo 2, 16-17).

Indigna-se contra os que corrompem as crianças com seus maus exemplos, seus maus conselhos, suas atitudes infames, seus crimes abomináveis. Chega a dizer palavras muito duras, mas que parecem bem justas e atuais: *Caso alguém escandalize um desses pequeninos que acreditam em mim, melhor seria que lhe pendurassem ao pescoço uma pesada mó e o precipitassem no profundo do mar* (Mt 18, 6).

A reação dos homens e mulheres de bem

Uma pessoa honrada – seja religiosa ou não – deve reagir com ira justa perante os ultrajes à verdade, à justiça e à dignidade das pessoas.

Sem essa reação, a alma acabaria acovardando-se, deixando passar tudo, e contaminando-se com uma «tolerância» muito simpática e popular, mas que é uma autêntica traição à verdade e ao bem: é o beijo de Judas na face de Cristo. Como é fácil brilhar com a maquiagem da bondade, da «bondosidade», na base de tolerar males morais, autênticos pecados mortais, que destroem as pessoas e as famílias mais do que os males físicos, para «não magoar» ninguém, para não ser politicamente incorreto e para não perder a imagem de caridoso e compreensivo perante a opinião dos outros.

São João Crisóstomo afirma claramente: «Quem não se indigna quando há motivo, peca. A paciência que não é razoável semeia vícios, alimenta a negligência e facilita que não só os maus, como também os bons, pratiquem o mal»[2]. «Quem se cala na presença da injustiça», diz por sua vez Hugo de São Vítor, «tem os lábios manchados, e a iniquidade que não combate se vira contra ele»[3].

Muitas vezes será preciso agir, será preciso – quando for o caso – denunciar às autoridades, será preciso elevar um protesto formal na escola, na empresa, na universidade; e, se não for acolhido, divulgar o protesto através da mídia não conivente com o mal ou das mídias sociais.

Essa responsabilidade, hoje tão esquecida, deve ser muito lembrada; sem esquecer, porém, que a ira só é boa se reúne as duas condições seguintes:

1. Que a indignação se dirija contra o *erro*, não contra a *pessoa* que erra. Assim se expressa Santo Agostinho: «Deve-se combater o erro, e amar o que erra»[4]. Se a ira se voltar contra a pessoa, passará a ser ódio, e ficará corrompida pela falta de cari-

---

(2) Citado por São Tomás de Aquino, *Suma Teológica*, II-II, q.158, a.8.
(3) Citado por Ernest Hello, *Du Néant a Dieu*, II, Perrin, Paris, 1930, pág. 36.
(4) Cf. *Carta*, 211, 11.

dade. Por isso, a indignação cristã, sem se esvaziar por moleza, sempre deverá ter pronto o respeito, o perdão e o coração aberto ao diálogo com a pessoa cujo erro combate. *Amai os vossos inimigos e orai pelos que vos perseguem* (Mt 5, 44).

2. A segunda condição – agir, não se omitir covardemente – ficou explícita no já dito. Acontece, porém, que é de tal importância, na cultura em que vivemos, que convém repisá-la com toda a clareza.

Refiro-me à facilidade com que muitos ficam na moita, à passividade indiferente e desfibrada de indivíduos, famílias, comunidades – mesmo religiosas – diante de ideias, costumes e comportamentos que contradizem princípios elementares de ética natural e da fé e da moral cristã. Alguns cristãos «atualizados» passam até a ser paladinos daquilo que sua consciência, antes de se corromper, lhes dizia claramente que era um grave mal, um pecado grave.

Creio que os dois textos que vou citar a seguir deixam esse problema bem equacionado:

O primeiro é de Ernest Hello:

> Tente imaginar, se pode, um santo que não deteste o pecado. [...] O verdadeiro santo possui a caridade, mas é uma caridade terrível, que queima, um amor que detesta o mal, justamente porque quer o bem, quer a *cura* daquele que o padece. O santo que os mundanos imaginam deveria ter uma caridade adocicada que abençoaria qualquer coisa, qualquer pessoa, em qualquer circunstância. O santo que o «mundo» gosta de imaginar sorriria ao pecado, sorriria a todos, sorriria a tudo. Seria alguém sem indignação nenhuma, sem profundidade, sem altura... Seria benigno, benévolo, açucarado para com o doente, mas indulgente e tolerante para com a doença[5].

---

(5) *L'homme*, Perrin, Paris, 1911, pág. 222.

O segundo texto é do filósofo americano Peter Kreeft:

> Supõe-se que temos compaixão, misericórdia e indulgência para com os pecadores, como Deus. Mas supõe-se que não utilizamos a «compaixão» como uma desculpa para negar a existência do pecado. Deus nunca faz isso. Mas o mundo moderno, sim.
> Toda vez que alguém faz um juízo moral, é criticado porque lhe falta «compaixão», compreensão, e prega-se nele a etiqueta de um ou mais dos três *efes* do homem moderno: *fascista, fanático e fundamentalista* (esse último qualificativo deve ser pronunciado com desprezo). [...] Você quereria que seu médico fosse «compreensivo» com as suas células cancerosas? [...]
> É falso dizer que tudo o que precisamos é amor. Precisamos também da verdade. Um cirurgião precisa de algo mais que amor. Também precisa de luz[6].

---

(6) *Como tomar decisiones*, Rialp, Madri, 1993, págs. 33 e segs.

24. Eu era como um jumento diante de ti

Quase tropeçaram os meus pés,
  por um nada vacilaram meus passos,
pois comecei a ter inveja dos arrogantes,
  vendo a prosperidade dos maus.
Para eles o sofrimento não existe,
  sadio e bem nutrido é seu corpo.
E eu disse: «Então foi em vão
  que conservei puro meu coração,
  e que na inocência lavei as minhas mãos?»
Quando meu coração se amargurava
  e sentia dor aguda em minhas entranhas,
eu era um insensato e não entendia,
  como um jumento eu era diante de ti.
No entanto, eu estarei sempre contigo;
  tu me tomaste pela mão direita.
Com teu conselho me guiarás
  e depois na Glória me receberás.
                                    Salmo 73, 2-4.13.21-24

O burrico cego

O salmista confessa que passou por uma crise de fé. Viu que os maus prosperavam, e parecia que Deus os poupava dos males e os cumulava de bens. Ao passo que ele, procurando ser bom, sofria sem saber por quê. Isso levou-o à beira da revolta contra Deus.

Muitos sentem essa mesma tentação. São pessoas boas que têm fé, mas não entendem. «Por que este meu sofrimento, ou o sofrimento dos que amo? Onde está Deus?», perguntam-se.

Na Bíblia, todo o *Livro de Jó* está dominado por esse drama. Jó era um homem *justo*, honesto e bom. Inesperadamente perde tudo: bens materiais, filhos, netos, saúde. A sua primeira reação é de fé e abandono em Deus: *Se recebemos de Deus os bens, não deveríamos também receber os males?* (Jó 2, 10).

Mas entram em cena três amigos, e depois mais um quarto, que ao mesmo tempo que se compadecem tentam convencê-lo de que, se ele sofre, sem dúvida é porque mereceu o castigo divino por algum pecado grave. Todo o livro de Jó é uma autodefesa do justo sofredor, que chega a exasperar-se e quase a blasfemar: *Os dias da aflição apoderaram-se de mim..., os males que me devoram não dormem... Que Deus me pese numa balança justa e reconhecerá a minha integridade...*

O longo desabafo de Jó prolonga-se até que Deus intervém: *Quem é este que obscurece os meus desígnios com palavras sem sentido?... Quem censura o Todo-poderoso, e ainda quer discutir?* Após um amplo discurso do Senhor, cheio de grandeza e de impressionante beleza poética, Jó acaba inclinando humildemente a cabeça e responde: *Eu falei sem nada entender de maravilhas que ultrapassam o meu conhecimento... Agora vejo-Te com meus próprios olhos; por isso, acuso-me a mim mesmo e me arrependo.* Deus não o repreende; pelo contrário, acaba dando a razão a Jó e censurando os quatro amigos. Depois, *restitui-lhe todos os bens, o dobro do que possuía* (cf. *Capítulos* 30 a 42). Sem dúvida, Jó receberá além disso a bem-aventurança eterna no Céu.

Na terra o sofrimento quase nunca é castigo de Deus. É a provação da nossa fé – *Deus provou-os como o ouro na fornalha* (Sb 3, 6) –, e com frequência termina sendo uma grande bênção. Acontece que o Amor de Deus e as perspectivas da sua eterna sabedoria com relação a nós, muitas vezes são um enigma. Ó profundidade da riqueza da sabedoria e do conhecimento de Deus – exclamava São Paulo. *Como são insondáveis os seus juízos e impenetráveis os seus caminhos* (Rm 11, 33).

Mas o que é certíssimo é que Deus não nos abandona. Mesmo na maior escuridão, mesmo se tivermos que *atravessar o vale tenebroso* (Sl 24, 4), as almas de fé, com a ajuda da graça divina, mantêm a confiança e a paz. «A fé que toma consciência do amor de Deus revelado no coração trespassado de Jesus na cruz», escreve Bento XVI, «suscita por sua vez o amor. Aquele amor divino é a luz, fundamentalmente a única, que ilumina incessantemente um mundo às escuras e nos dá a coragem de viver e agir»[1].

Foi essa fé, vivida com sentido de eternidade, que fez com que São Thomas More, por fidelidade à sua fé católica, enfrentasse a prisão na Torre de Londres e a condenação a ser decapitado. Em agosto de 1534, pouco antes de ser executado, dizia à sua filha Margareth:

> Minha filha queridíssima, nunca se perturbe a tua alma por qualquer coisa que possa vir a acontecer comigo neste mundo. Nada pode acontecer, senão o que Deus quer. E tenho plena certeza de que, aconteça o que acontecer, por muito mau que pareça, será na verdade o melhor[2].

O burrico sábio

Como víamos, o salmista, no aperto, quase escorregou: *Eu era um insensato e não entendia, como um jumento eu era diante de Ti.* Hoje diria: «Meu Deus, como fui burro!». Mas logo de-

---

(1) Encíclica *Deus caritas est*, n. 39.
(2) Thomas More, *A sós com Deus: escritos da prisão*, 2ª edição, Quadrante, 2017, pág. 87.

pois, ajudado pela graça, percebeu que Deus amava esse burrico, sorria para ele e lhe estendia a mão: *Eu estarei sempre contigo, tu me tomaste pela tua mão direita.*

A partir desse momento, passa a ser um burrico sábio, que nunca se perderá, porque se deixará conduzir por Deus. Seu coração ouviu a voz de outro salmo: *Descansa no Senhor e nele espera. Não te irrites por causa dos que prosperam.* [...] *O Senhor ama a justiça e não abandona os seus devotos.* [...] *O homem de paz tem futuro* (Sl 37, 7.28.37).

São Josemaria tinha uma grande «devoção» ao burrico do salmo 73, e gostava de ver-se a si mesmo retratado nele. Ficava feliz quando lhe davam de presente a figura de um burrinho, de barro, de porcelana, de cera, de aço, de sisal... A um jornalista que lhe pediu uma fotografia, entregou-lhe um desses burrinhos: «Este sou eu».

«Eu me fiz como um burrinho diante de ti», rezava com frequência, com palavras do nosso salmo: *Ut iumentum factus sum apud te!*

E imaginava a «História do burrico» que, apesar dos seus desejos, nunca chegou a escrever. Mas deixou alguns traços das suas meditações sobre esse simpático animal, que as biografias recolhem.

Por exemplo, via no burrinho o símbolo da santificação do trabalho cotidiano, sobre a qual tanto pregou:

> Atrai-me esse animal paciente e laborioso, porque o burrinho é forte e austero, porque é humilde. Mas, sobretudo, porque trabalha: porque sabe perseverar dia após dia dando voltas à *nora* [aparelho que gira e extrai água do poço], tirando a água que faz florescer a horta. O burrico conforma-se com tudo [...]. Trabalha e trabalha, e com um punhado de palha ou de capim tem o bastante[3].

---

(3) *Carta*, 15-X-1948, n. 11.

24. EU ERA COMO UM JUMENTO DIANTE DE TI

E usava com frequência as palavras do salmo que meditamos agora para a sua oração pessoal:

Não sei a vós; mas a mim não me humilha reconhecer-me, aos olhos do Senhor, como um jumento. *Ut iumentum factus sum apud te*, estou como um burrico diante de ti, *et ego semper tecum*, mas Tu estás sempre comigo. É isto a presença de Deus. *Tenuisti manum tuam dexteram meam*. Eu costumo dizer-lhe: seguraste-me pelo cabresto, *et in voluntate tua deduxisti me*, e fizeste-me cumprir a tua vontade; quer dizer, fizeste-me ser fiel à minha vocação. *Et cum gloria suscepisti me*, e depois me darás um abraço bem forte (cf. Sl 72)[4].

Não se esqueça de que «ser burrico» não é coisa de pouca importância. Jesus mandou buscar um burrico para entrar triunfalmente em Jerusalém, quando se iniciava a Semana Santa da sua Paixão e Morte.

---

(4) Cf. Pilar Urbano, *O homem de Villa Tevere*, 2ª edição, Quadrante, São Paulo, 2017, pág. 166.

25. Deus conhece os segredos do coração

Deus conhece os segredos do coração.
Salmo 44, 22

Senhor, tu me examinas e me conheces,
  tu sabes quando me sento e quando me levanto.
Penetras de longe meus pensamentos;
  vês claramente quando ando e quando repouso,
  sabes todas as minhas trilhas
As trevas não são escuras para ti,
  e a noite brilha como o dia:
  a densa escuridão é para ti como a luz.
Examina-me, ó Deus, e conhece meu coração.
Salmo 139, 1-3.12.23.

Quando o profeta Samuel, por ordem de Deus, foi à casa de Jessé, para ungir como rei de Israel um de seus filhos, não prestou atenção às qualidades dos filhos mais velhos, que o pai gabava. Derramou a unção régia sobre o menor, Davi, o escolhido de Deus, e dizia: *O homem vê a aparência, Deus vê o coração* (1 Sm 16, 7).

Não são as «aparências» que interessam a Deus. Para Deus só tem valor o que há no «coração».

Na linguagem bíblica, o «coração» é o mais íntimo da pessoa humana, aquele fundo da alma onde se encontra a *raiz* e a *verdade* dos nossos pensamentos, desejos, sentimentos, intenções e decisões. É exatamente sobre isso – dizia São Paulo – que Deus julgará a nossa vida: *Não julgueis antes do tempo, até que venha o Senhor. Ele porá às claras o que está escondido nas trevas e manifestará as intenções dos corações* (1 Cor 4, 5).

As intenções do coração

Se nos víssemos a nós mesmos com transparência, descobriríamos que, dentro do nosso coração, há pelo menos *quatro tipos de intenções*.

As intenções boas

Nossas intenções são boas quando é o amor que as guia: o amor a Deus, o amor à verdade, o amor ao próximo.

Essas intenções predominam, com a graça do Espírito Santo, nos corações dos que se esforçam sinceramente em seguir o caminho que traça São Paulo aos Romanos: *Não vos identifiqueis com este mundo, mas transformai-vos, renovando a vossa maneira de pensar e julgar, para que possais distinguir o que é da vontade de Deus, a saber, o que é bom, o que lhe agrada, o que é perfeito* (Rm 12, 2).

Na medida em que o amor vai impregnando até as menores das nossas intenções e ações, nessa mesma medida vamos amadurecendo, chegando, espiritualmente, *ao estado de adultos, à estatura de Cristo* (Ef 4, 13).

O teste da autenticidade desse amor é a Cruz. Ama de verdade quem sabe tomar a cruz, quem sabe fazer o que contraria, para agradar a Deus e fazer o bem aos outros.

As intenções boas «estragadas»

Às vezes, o que mais prejudica as boas intenções é a vaidade e o interesse.

Jesus ensina a fazer o bem sem exibicionismo, sem procurar elogios, nem agradecimentos, nem recompensas: fazer caridade, sem que a nossa mão esquerda saiba o que faz a direita; orar sem ostentação, ou seja, sem buscar ser vistos e admirados por isso; jejuar e, em geral, fazer sacrifícios sem que se note, sorrindo (cf. Mt 6, 1-18).

Da mesma forma, devemos evitar fazer «pose» hipocritamente (praticar fora do lar aparências de virtudes que não vivemos em casa) para causar boa impressão social, com o fim de subir na estima dos outros e obter vantagens («Como ele é bom, amável, responsável, excelente cristão!»).

As intenções más

Evidentemente não é boa a intenção que nos leva a humilhar outra pessoa, a querer prevalecer injustamente sobre os demais, a enganar, a prejudicar, a vingar-nos...

O que *sai do coração* – dizia Jesus – é o que mancha o homem (cf. Mt 15, 18).

A nossa alma, comentava Santo Ambrósio, é como uma terra ocupada pelo inimigo, que aos poucos deve ser reconquistada e transformada em Reino de Deus: o «Reino da verdade, do amor e da paz»[1]. Mas, para isso, é preciso enfrentar e derrotar outros «reis» que a dominam, ou seja, as nossas más paixões: o orgulho, o egoísmo, a inveja, a raiva, o desprezo, o ódio...

A vitória, com a graça de Deus, depende da nossa humildade, da sinceridade do nosso arrependimento e da confissão das

---

(1) Cf. Prefácio da Missa da solenidade de Cristo Rei.

nossas faltas, a começar pela limpeza dos nossos pecados interiores (maus pensamentos, maus desejos, maus juízos, raivas acumuladas...). Assim, poderemos abrir a alma, já purificada, às luzes e ao calor do Evangelho, da palavra e do exemplo de Jesus, que nos fará *endireitar os caminhos* do coração (cf. Mc 1, 3).

Por fim, as intenções «ausentes»

Por falta de ideais, há pessoas que vão tocando o barco da vida na maior rotina, por mera inércia. Como não têm intenções grandes e boas que os estimulem, não se propõem metas concretas de mudança e crescimento nas virtudes. Desse modo, cada vez fazem as coisas pior. «Estragam» a vida em família, que fica tediosa, vazia, monótona; «estragam» o trabalho, que cai cada vez mais na mediocridade; «estragam» a fé, limitando-se a «cumprir» os deveres religiosos mais básicos, sem vida nem alma, sem luta e, portanto, sem progresso espiritual, apenas com um declínio cada vez maior.

Tudo isso empobrece o «coração» e deprime a alma. É a doença grave da falta de amor, que confirma o que diz São Paulo: *Se não tivesse amor, eu nada seria* (1 Cor 13, 2).

Se notarmos alguns desses sintomas, pelo amor de Deus, procuremos reagir logo, acordar da modorra. Lancemo-nos a essa corrida de Amor que é a verdadeira vida cristã (cf. Fl 3, 13-14).

26. Servir com alegria

*Aclamai ao Senhor, ó terra inteira,
servi ao Senhor com alegria,
entrai com júbilo na sua presença.*

Salmo 100, 1-2

Com esse verbo – *servir* – Jesus fez a sua autobiografia. Numa ocasião em que os Apóstolos disputavam sobre qual deles era o maior, Jesus definiu a si mesmo assim: *O Filho do Homem não veio para ser servido, mas para servir e dar a vida para resgate de muitos* (Mt 20, 28).

Ele veio para servir aos desígnios redentores de seu Pai: *O meu alimento é fazer a vontade daquele que me enviou e realizar a sua obra* (Jo 4, 34). E veio para nos servir, dando a vida por nós: *Ninguém tem maior amor do que aquele que dá a vida por seus amigos* (Jo 15, 13).

Houve um momento em que, com um gesto concreto, Jesus mostrou como estão unidos o espírito de serviço e a alegria cristã. Foi na Última Ceia, depois de lavar os pés de cada um dos Apóstolos, Judas incluído. Jesus se levantou, tomou de novo o manto e disse: *Compreendeis o que vos fiz? Dei-vos o exemplo, para que assim como eu vos fiz, também vós o façais. Se compreenderdes isso e o praticardes, sereis felizes* (cf. Jo 13, 12-17).

Servir com alegria

E geral, as pessoas acham que serão mais felizes recebendo do que dando. Querem e pedem ser servidos – nos seus sonhos, desejos, gostos e ambições. Servidos pela vida, pelo mundo, pela sociedade, pelos demais. Não acham sentido em fazer da vida um «serviço». Dizem o contrário de Jesus: «Sai daqui, eu não vim para servir, mas para me realizar».

Talvez por isso haja tantos frustrados, infelizes e deprimidos. Não percebem que os sonhos do egoísmo levam à destruição.

«Realização»? Só procurando a plenitude do amor – que é dar e dar-se com alegria –, até vibrar em uníssono com o bater do Coração de Cristo: *Eu vos dei o exemplo*.

Servir como e em quê?

Num livro publicado pela primeira vez no ano 2000[1], procurei sugerir um *exame de consciência* sobre o espírito cristão de serviço, que vou reproduzir, adaptado, a seguir.

Será que já percebemos – perguntava nesse texto – a *enorme capacidade inativa de ajudar* (portanto, de servir), que todos nós temos? Que acha se pegássemos, para não ficarmos na teoria, um papel e um lápis e fizéssemos uma lista – em quatro colunas – com as nossas possibilidades? Por exemplo, as seguintes:

– Primeira coluna: Pequenos serviços que eu poderia prestar, se fosse generoso, às pessoas da minha casa (pensando em cada uma delas). Serviços materiais (ordem, tarefas, compras, limpeza, atendimento da porta, recados, etc.) que eu poderia fazer. Mais ajuda no estudo dos filhos. Auxílios mais profundos, de orientação, de aconselhamento moral e espiritual, de formação nas virtudes, que poderia dar e não dou...

---

(1) *A inveja*, 2ª edição, Quadrante, São Paulo, 2016, págs. 68-71.

– Segunda coluna: Pequenos serviços que poderia prestar no meu ambiente profissional, além do trabalho bem feito. Pense, com realismo, nos modos possíveis de auxiliar, de facilitar e tornar mais amável o trabalho dos colegas e subordinados. Será que eles podem contar comigo, se estão atribulados? Sabem que estou disposto a ouvir, e por isso me confidenciam as suas dificuldades? Confiam nas orientações que dou?

– Terceira coluna: E no clube, no time, na turma de pescadores, na do *mountain-bike*, na dos integrantes da banda, na dos grupos de oração ou de preparação para os Sacramentos, será que não poderia ser mais prestativo, ter mais iniciativas, ser um apoio maior, «dar mais o sangue» quando é preciso preparar festas, *natais,* quermesses, e outros bons momentos?

– Quarta coluna: E com os necessitados, com os que sofrem? Que faço? Digo que não *posso* fazer quase nada, a não ser dar esmolas e, de vez em quando, uma contribuição para o orfanato e o dízimo na igreja? Digo que *não sei* falar, ensinar, dar aula e, por isso, não posso prestar serviços? Mas... posso visitar doentes. Posso fazer visitas a algum hospital ou asilo. Posso prestar algum serviço social (uma vez por semana, uma vez por mês...), baseado nos meus conhecimentos profissionais (assessoria jurídica gratuita, assistência médica ou dentária, assistência em informática, assistência técnica para a construção de casinhas populares, aulas de complementação, etc, etc).

Há, sem dúvida, outras colunas, que cada qual poderia descobrir sozinho e preencher; mas sejam quantas forem, o que importa é tirar agora propósitos concretos de servir mais, muito mais, conscientes de que assim daremos as alegrias que *devemos* aos outros, e ao mesmo tempo, o nosso coração irá ficando mais cheio de alegria. Como o salmista, entenderemos o que é *servir com alegria*, e o nosso coração *entrará com júbilo na presença do Senhor*.

Antes de terminar esta meditação, pense em Maria. Nossa Senhora só queria servir: *Eis aqui a serva do Senhor* (Lc 1, 38), disse ao Anjo no dia da Anunciação. Logo a seguir correu para ajudar, prestando muitos serviços diários à sua prima Santa Isabel, que estava para ter um filho. E lá, na casa da prima, deixou seu coração extravasar a alegria que a inundava: *A minha alma engrandece o Senhor, e o meu espírito exulta de alegria em Deus, meu Salvador, porque olhou para a pequenez da sua serva. Doravante, todas as gerações me chamarão bem-aventurada* (Lc 1, 46-48).

27. Minha alma suspira pelos átrios do Senhor

Como são amáveis as tuas moradas
  Senhor dos Exércitos!
Minha alma desfalece
  e suspira pelos átrios do Senhor
  o meu coração e a minha carne exultam no Deus
  vivo.
Até o passarinho encontra casa
  e a andorinha ninho junto aos teus altares.

Salmo 84, 2-4

Fiquei alegre, quando me disseram:
  «Vamos à casa do Senhor!».

Salmo 122, 1

O salmista peregrino que se aproxima de Jerusalém suspira, ardendo no desejo de chegar ao Templo, «a casa do Senhor», onde é tão próxima a presença do Deus de Israel. E inveja santamente a andorinha que deixa confiante o seu ninho junto do altar.

A nossa alma cristã é sempre peregrina, rumo ao altar onde Deus se faz presente, acessível, próximo.

Qual é esse altar? Sem dúvida, a «máxima» proximidade de

Deus é a Eucaristia. No altar da Santa Missa, Jesus, Deus e Homem verdadeiro, se faz presente, vem a nós na santa Comunhão, e, depois, fica no Sacrário à espera da nossa companhia e a nossa oração.

Mas eu não queria meditar agora nessa proximidade inefável do Senhor na Eucaristia. Queria meditar em outra presença.

O altar do coração

Já nos primeiros séculos, os Santos Padres falavam de outro altar, o «altar do coração». *Altare Dei est cor nostrum* – dizia, por exemplo, São Gregório Magno –, «um altar de Deus é o nosso coração»[1]. E dizia-o com a alegria de quem conhece a verdade de que falava São Paulo: *Não sabeis que sois um templo de Deus e que o Espírito de Deus habita em vós?* [...] *O templo de Deus é santo e esse templo sois vós* (1 Cor 3, 16-17).

É isso o que descobriu Santo Agostinho, após anos de procura: «Tarde te amei, ó beleza tão antiga e tão nova, tarde te amei! [...] Eis que estavas dentro de mim, e eu fora [...]. Tu estavas comigo, e eu não estava contigo»[2].

Lembro bem de como me ficou gravado o que ouvi da boca de São Josemaria em 1954, em Roma: «Meus filhos, eu a Deus o busco em mim, no meu coração, e vocês devem procurá-lo também no centro da sua alma em graça»[3].

Essa «peregrinação» até o altar do nosso coração, para ter lá um encontro íntimo com Deus, pode ser feita – deveria ser feita – em qualquer momento da nossa vida. Em casa, na rua, no trabalho, nos meios de transporte, na alegria, na dor..., sempre podemos procurar Deus e encontrá-lo no íntimo do coração.

---

(1) *Moralia*, 25, 7, 15.
(2) *Confissões*, 10, 27, 38.
(3) *São Josemaria Escrivá no Brasil*, pág. 41.

Você já se acostumou a falar com Deus no seu coração, a compartilhar com Ele as menores coisas da sua vida? Assim deveríamos viver, e então compreenderíamos por que São Paulo animava assim os tessalonicenses: *Ficai sempre alegres, orai sem cessar* (1 Ts 5, 16-17). Com isso, ele lembrava um ensinamento de Cristo: É preciso orar sempre sem jamais esmorecer (Lc 18, 1). Isso é possível? Sim, aprendendo a viver a prática da «presença de Deus».

Viver na presença de Deus

Para começar, «é preciso convencer-se de que Deus está junto de nós continuamente. – Vivemos como se o Senhor estivesse lá longe, onde brilham as estrelas, e não consideramos que também está sempre ao nosso lado. E está como um Pai amoroso – quer mais a cada um de nós do que todas as mães do mundo podem querer a seus filhos –, ajudando-nos, inspirando-nos, abençoando... e perdoando. [...] Necessário é que nos embebamos, que nos saturemos de que Pai e muito Pai nosso é o Senhor que está junto de nós e nos Céus»[4].

Sabemos «ativar» essa fé? É um exercício espiritual que deveríamos cultivar todos os dias. Começar o dia com um ato espontâneo de fé e de amor a Deus, oferecer-lhe com carinho tudo o que naquele dia vamos fazer, pedir-lhe que nos abençoe e nos acompanhe em cada passo. Depois, desfrutar dessa sua companhia, dirigindo-nos a Ele muitas vezes com o coração.

O salmo 145 nos anima: *O Senhor está perto de todos os que o invocam, os que o invocam de coração sincero. Satisfaz o desejo dos que o temem, escuta o seu clamor e os salva. O Senhor protege todos os que amam* (Sl 145, 18-20).

– Invocar é *agradecer*: «Obrigado, meu Deus, por ter ouvido

---

(4) *Caminho*, n. 267.

o despertador, eu que tenho sono pesado e sempre me atraso!». «Obrigado meu Deus: acabo de beijar meu filho pequeno, e não sei como te agradecer esse dom». «Obrigado pelo carinho com que a mãe, ou a esposa, ou o marido madrugador preparou o café»...

– Invocar é *oferecer*: «Eu te ofereço, Senhor, essa dor nas costas como penitência pelos meus pecados». «Ofereço-te esse trabalho que estou começando, e te peço ajuda para terminá-lo com perfeição». «Ofereço essa oração para que meu ex-colega encontre um emprego». «Ofereço o choro do meu bebê para que me ajude a ser uma mãe mais paciente»...

– Invocar é *pedir*: «Peço-te por cada um dos meus filhos, guarda-os no dia de hoje». «Peço-te que me ajudes a socorrer essa mendiga». «Peço-te que me faças vencer a tentação de ficar perdendo tempo com o celular quando não deveria». «Peço-te que me ajudes a dar alegria à minha sogra que anda muito deprimida»...

– Invocar é *desagravar*: «Jesus, aceita esse terço que vou rezar como reparação pelos que não amam nem veneram a tua Mãe Santíssima». «Senhor, ajuda-me a fazer hoje uma mortificação mais exigente da gula, para reparar pelos pecados que se cometem pelo abuso do sexo e do álcool, e pelo uso das drogas»...

Você vê como, com boa vontade, e sempre com a ajuda da graça de Deus, é possível viver a vida toda em diálogo com Deus e, assim, com toda a naturalidade, *morar na casa do Senhor todos os dias da minha vida, e poder gozar da suavidade do Senhor* (Sl 27, 4).

28. Lâmpada para os meus passos

*Senhor, tu acendes minha lâmpada;
meu Deus, ilumina minhas trevas.*

Salmo 18, 29

*Mostra-me, Senhor, os teus caminhos,
ensina-me tuas veredas.
Faz-me caminhar na tua verdade.*

Salmo 25, 4-5

O salmista pede a Deus a sua luz, porque tem a experiência de que, sem ela, a vida é triste, é como se a pessoa girasse nas trevas à volta e si mesma, perdendo-se num túnel sem saída. Só *Deus é luz* (1 Jo 1, 5). E quando nós lhe suplicamos que nos conceda a fé – *envia a tua luz e a tua verdade!* (Sl 43, 3) –, experimentamos com alegria que *lâmpada para meus passos* é a tua *palavra e luz no meu caminho* (Sl 119, 105). Saímos, então, do túnel e podemos maravilhar-nos com «o esplendor e a segurança e o calor do sol da fé»[1].

Um escritor inglês converso, Evelyn Waugh, expressava assim a sua descoberta da luz: «É como sair de um mundo de espelhos, onde tudo é uma caricatura absurda, para entrar no

---

(1) *Caminho*, n. 575.

autêntico mundo criado por Deus; a partir de então é que começa o delicioso processo de explorar o mundo sem limites»[2].

O caminho dos Mandamentos

Um rumo: isso é o que pedia aquele homem jovem que procurou Jesus no meio do caminho. Queria um roteiro para chegar à vida eterna. *Bom Mestre, que devo fazer para alcançar a vida eterna?* Jesus começou mostrando-lhe o básico – *cumpre os mandamentos* [os dez Mandamentos] –, e, a seguir, indicou-lhe o caminho da plenitude que podemos viver andando com ele nesta terra: *Deixa tudo e segue-me.* Aquele homem não teve coragem (*tinha muitas posses*), deu meia volta, abaixou a cabeça e retirou-se triste (cf. Mc 10, 17-22).

Você se lembra de que, no começo da sua pregação, Jesus disse: *Não penseis que vim revogar a Lei e os profetas. Não vim revogá-los, mas dar-lhes pleno cumprimento* (Mt 5, 17). Esse pleno cumprimento consiste em elevar os Dez Mandamentos ao nível do amor, de um amor semelhante ao de Cristo.

Assim, por exemplo, ao mandamento de «não matar», Jesus acrescentou os de «não se irritar» nem «insultar» o próximo. O sexto e o nono mandamentos, referem-se a atos que se cometem: aos pecados de «fornicação» e «adultério»; Jesus elevou-os a um nível alto de amor: não só abster-se de cometer atos, mas cortar pela raiz o olhar infiel e o mau desejo (cf. o capítulo 5 do Evangelho de São Mateus).

Seguir a Cristo

Você já descobriu essas belas luzes do caminho cristão? Já compreendeu o apelo de Jesus, que nos diz: *Eu sou a luz do*

---

(2) *Carta a Edward Sackville-West*, 1949.

mundo; aquele que me segue não andará nas trevas, mas terá a luz da vida (Jo 8, 12).

Na Jornada Mundial da Juventude de 2013, no Rio de Janeiro, o Papa Francisco dizia aos jovens, comentando a parábola do semeador:

> Quando aceitamos a Palavra de Deus, então somos o «Campo da fé»! Por favor, deixem que Cristo e sua Palavra entrem em sua vida, deixem entrar a semente da Palavra de Deus, deixem que germine, deixem que cresça. Deus faz tudo, mas vocês deixem-no fazer, deixem que Ele trabalhe nesse crescimento[3].

«Deixem que Cristo e sua Palavra entrem em sua vida». Você o deixa entrar, abrindo-lhe o coração e a mente? Você – jovem ou menos jovem – lê e medita todos os dias algum trecho do Evangelho, do Novo Testamento? Todos sabemos da enorme ignorância do cristianismo que há hoje na maioria dos ambientes. Não nos instalemos cegamente nessas sombras! Procuremos sair para a luz.

«Deixem que germine a Palavra de Deus», acrescentava o Papa. A Palavra «germina» quando aprofundamos nela – estudando, meditando –, e nos esforçamos por encarná-la na prática cotidiana. Sabe quando se nota que a Palavra germina em nós? Quando não só proporciona doutrina, mas nos faz ouvir a voz de Deus que atinge diretamente o coração. Deste modo, captamos por experiência a sua beleza, e ficamos cada vez mais com mais fome de conhecê-la.

«A fé», dizia Bento XVI, «é um amor que cativa o homem e lhe mostra o caminho a seguir, mesmo que essa fé seja cansativa, uma escalada que parece loucura [...]; mas que se mostra

---

(3) *Discurso na vigília de oração com os jovens*, 27.07.2013, 1.

o único caminho possível, que não trocaríamos por conforto nenhum, nós que estamos engajados na aventura»[4].

«Deixem que a Palavra de Deus cresça», pedia ainda o Papa Francisco. Cresce em nós quando a alimentamos, como semente plantada na alma. De que modo? Com os Sacramentos: a Confissão e a Eucaristia. Com a oração: mental e vocal. Com o cumprimento dos nossos deveres cotidianos – no lar, no trabalho, no convívio social –, praticados com perfeição, por amor a Deus e ao próximo.

---

(4) Citado por Dag Tessore, *Bento XVI. Questões de fé, ética e pensamento na obra e Joseph Ratzinger*, pág. 51.

29. A estrada que eu devo seguir

Senhor, ouve a minha oração,
  sê atento à minha súplica por tua fidelidade.
Indica-me a estrada que devo seguir,
  porque a ti elevo a minha alma.

Salmo 143, 1.8

Todas as veredas do Senhor são amor e verdade.

Salmo 25, 10

Na meditação anterior considerávamos a estrada régia do cristão, que todos somos chamados a percorrer. Mantendo-nos na via clara dos mandamentos, devemos avançar no amor, seguindo as pegadas de Cristo. *Progredi no amor* – escrevia São Paulo –, *como Cristo também nos amou e se entregou a Deus por nós como oferenda e sacrifício de suave odor* (Ef 5, 2).

O caminho cristão é um só para todos. O próprio Cristo é o nosso caminho, com seu exemplo, com sua graça, com sua palavra: *Eu sou o caminho, a verdade e a vida* (Jo 14, 6).

É um único caminho, mas não é um caminho uniforme: nele se manifesta a variedade das *insondáveis riquezas de Cristo* (Ef 3, 8): a meta do Amor pode ser alcançada por diversas sendas (todas elas dentro do Caminho), conforme a vocação particular que Deus der a cada um.

Vocação para a santidade

A santidade é a vocação primordial, básica, de todos os batizados. *Esta é a vontade de Deus: a vossa santificação*, dizia São Paulo aos primeiros cristãos (1 Ts 4, 3).

Todo batizado é chamado por Deus à *santidade*. Eis uma verdade, por muitos esquecida, que o Concílio Vaticano II quis proclamar com vigor em 1964 – «a chamada universal à santidade»[1] é tema de todo o capítulo V da Constituição *Lumen gentium* –, e que o Papa Francisco voltou a recordar na sua Exortação apostólica *Gaudete et exsultate*, de março de 2018.

Na época contemporânea, Deus serviu-se especialmente de São Josemaria Escrivá, desde 1928, para erguer como um estandarte esse apelo geral à santidade que Cristo dirigiu a todos: *Deveis ser perfeitos como o vosso Pai celeste é perfeito* (Mt 5, 48).

Por ocasião da canonização de São Josemaria, em 6 de outubro de 2002, São João Paulo II disse:

> São Josemaria foi escolhido pelo Senhor para anunciar a chamada universal à santidade e mostrar que as atividades correntes que compõem a vida e todos os dias são caminho de santificação. [...] Estava convencido de que, para quem vive sob a ótica da fé, tudo é ocasião de um encontro com Deus, tudo se torna um estímulo para a oração. Vista desta forma, a vida diária revela uma grandeza insuspeitada. A santidade apresenta-se verdadeiramente ao alcance de todos[2].

---

(1) Constituição dogmática *Lumen gentium*, capítulo V.
(2) *Discurso aos peregrinos vindos a Roma para a canonização de São Josemaria*, 07.10.2002.

Cada caminhante siga seu caminho

Ao mostrar-nos o caminho da santidade aberto para todos, Deus faz-nos compreender que a procura da santificação não é apenas exigência das vocações para o sacerdócio, para a vida monástica, para o convento, para as missões, etc.; é igualmente exigência dos variadíssimos caminhos honestos dos homens e mulheres que vivem, lutam e trabalham no meio do mundo.

A esses, dizia São Josemaria:

> Devem compreender agora – com uma nova clareza – que Deus os chama a servi-Lo *em* e *a partir* das tarefas civis, materiais, seculares da vida humana. Deus espera-nos cada dia: no laboratório, na sala de operações de um hospital, no quartel, na cátedra universitária, na fábrica, na oficina, no campo, no seio do lar e em todo o imenso panorama do trabalho. Não esqueçam nunca: há *algo* de santo, de divino, escondido nas situações mais comuns, algo que a cada um de nós compete descobrir.

Esse «algo» é uma chamada de Deus que nos diz: «Dá-te mais, ama mais, faz melhor, reza mais, trabalha mais um pouco, ajuda mais...».

E São Josemaria acrescentava: «Não há outro caminho, meus filhos: ou sabemos encontrar o Senhor na nossa vida de todos os dias, ou não o encontraremos nunca»[3].

Para buscar a santidade na vida cotidiana, não existe uma única trilha. Há muitas sendas que a Igreja aprova e abençoa. Cada caminhante deve descobrir o seu caminho pessoal, o que Deus quer, o que Deus preparou para ele, a missão que Deus lhe reservou desde toda a eternidade. O que não podemos fazer é ficar no acostamento, sem empreender nenhum caminho.

---

(3) Homilia «Amar o mundo apaixonadamente». *Entrevistas com Mons. Josemaria Escrivá*, 4ª edição, Quadrante, São Paulo, 2016, n. 114.

Em suma, não podemos diluir-nos numa multidão anônima. Você e eu temos nome único e missão pessoal aos olhos de Deus. Perguntemos-lhe: «Senhor, que queres que eu faça?».

Será uma boa oração para fazer todos os dias, assim que acordamos. Nosso Senhor ficará do nosso lado, nos mostrará em que pontos Ele nos espera, e nos dirá: *Segue-me*, apontando para a «nossa» trilha particular naquele dia.

30. Deus não retirou de mim a oração

Mas Deus me ouviu,
 prestou atenção à minha súplica.
Bendito seja Deus,
 que não rejeitou a minha oração,
 nem retirou de mim a sua misericórdia.

Salmo 66, 19-20

No texto original desses versículos, como mostra a tradução literal da Nova Vulgata, o salmista agradece a Deus que, além de ouvi-lo, não lhe tenha tirado, não tenha «removido» dele, a sua oração: *non amovit orationem meam a me*.

Privar da oração, tirar de alguém a capacidade de orar, é como matar-lhe a alma, tirar-lhe o fôlego. É lógico que seja assim. A oração é um dom que a graça do Espírito Santo deposita no fundo do nosso coração[1]. Pois bem, desprezar essa graça é uma forma de expulsar, de *entristecer o Espírito Santo* e santificador (cf. Ef 4, 30).

Sem essa graça, nós nunca seriamos capazes de estabelecer um contato direto com Deus, orando a qualquer hora, em qualquer lugar e em qualquer circunstância. «A meu ver», dizia Santa Teresa de Ávila, «a oração [...] é apenas um relacionamen-

---

(1) Cf. *Catecismo da Igreja Católica*, n. 2725.

to íntimo de amizade em que conversamos muitas vezes a sós com esse Deus por quem nos sabemos amados»[2].

Deus oferece o dom da oração a todos, desde os maiores santos até os maiores pecadores. Só nós, só você e eu, podemos bloquear esse dom e tornar-nos impermeáveis a ele. A nossa alma, então, privada da oração por culpa nossa, torna-se um deserto de solidão, aridez e amargura.

Talvez nos perguntemos: «Se nem mesmo o pior pecado pode nos privar da oração, o que é que a pode bloquear?». O *Catecismo da Igreja* nos dá uma resposta inspirada na Palavra de Deus: «Duas tentações frequentes ameaçam a oração: a falta de fé e a *acídia* [indiferença, tédio pelas coisas espirituais], que é uma forma de depressão devida a relaxamento do esforço espiritual, e que leva ao desânimo»[3].

Sem a fé, falar com Deus seria uma farsa; e seria uma hipocrisia falar com Ele sem estar dispostos a fazer o que nos pede: *Este povo me honra com os lábios, mas o seu coração está longe de mim* (Is 29, 13 e Mc 7, 6). Rezar assim é inutilizar a graça da oração. Ora, graça desprezada, graça removida.

Lembre-se das principais condições da boa oração:

Humildade

Jesus louva a oração do publicano no Templo: *Mantendo-se a distância, não ousava sequer levantar os olhos para o céu, mas batia no peito dizendo*: «*Meu Deus, tem piedade de mim, pecador!*». *Eu vos digo que este desceu para casa justificado* (Lc 18, 13-14).

«O *pedido de perdão* é a condição prévia de uma oração justa

---

(2) *Livro da vida*, capítulo VIII.
(3) Cf. n. 2755.

e pura», diz o *Catecismo*[4]. Basta o pedido confiante de misericórdia – como o do bom ladrão (cf. Lc 23, 42), ou as lágrimas silenciosas da mulher pecadora (cf. Lc 7, 44), ou o tremor contrito da adúltera (cf. Jo 8, 11) – para que se estabeleça a ponte do perdão e da paz entre o coração arrependido e o coração amoroso de Jesus.

Sinceridade

Para fazer oração – diz também o *Catecismo* – é preciso «despertar a fé, para entrar na presença daquele que nos espera, *fazer cair as nossas máscaras* e voltar nosso coração para o Senhor que nos ama, a fim de nos entregarmos a Ele como uma oferenda que precisa ser purificada e transformada»[5].

Como podemos orar bem se andamos «mascarados»? Máscara é, por exemplo, achar-nos bons como o fariseu (cf. Lc 18, 11-12), não ver os nossos defeitos, não reconhecer que somos pecadores; ou então tapar com a máscara dos bons sentimentos a má vontade em relação aos deveres que nos custa cumprir: *Nem todo o que me diz «Senhor, Senhor!» entrará no Reino dos Céus, mas sim o que pratica a vontade de meu Pai que está nos Céus* (Mt 7, 21).

Confiança filial

Quando os Apóstolos pediram a Jesus *ensina-nos a orar,* o Senhor respondeu: *Quando orardes dizei: «Pai, santificado seja o teu nome...»* (Lc 11, 2). O Pai-nosso. Com certeza Jesus usou, para designar o Pai, uma palavra aramaica que atingia o coração

---

(4) Cf. n. 2631.
(5) Cf. n. 2711.

dos ouvintes, pois todos eles, desde a infância, a tinham usado para se dirigir com carinho ao pai da terra: *Abá* (cf. Mc 14, 36).

Desde o começo de sua pregação, Jesus quis infundir essa confiança ilimitada no coração de todos: *Vosso Pai sabe do que tendes necessidade antes de lho pedirdes... Vosso Pai vê, vosso Pai sabe...* (Mt 6, 8.27 e segs.).

Orai sem cessar (1 Ts 5, 17). Para «conviver» assim, filialmente, com Deus não precisamos de discursos, de retórica. Como já víamos, para fazer oração basta muitas vezes uma invocação afetuosa a Deus, a Jesus, a Maria, aos nossos irmãos, os santos. Basta um olhar, um suspiro, uma lágrima, um gemido, um sorriso, uma lembrança, uma breve jaculatória: «Meu Deus, eu te amo. Ajuda-me!».

É claro que esse clima de serena intimidade com Deus precisa ser aquecido por momentos diários e semanais bem mais longos e intensos: a Santa Missa, a meditação, as leituras espirituais, o Terço...[6] O que não podemos fazer é descurar a oração.

Penso que nos pode ajudar, para encerrar este capítulo, ler e meditar duas frases de dois grandes santos.

Santo Afonso Maria de Ligório, entre suas inúmeras obras, tem um livrinho sobre a oração[7], que é uma verdadeira joia. Nele coloca uma frase que a Igreja assumiu no seu *Catecismo*: «Quem reza certamente se salva, quem não reza certamente se condena» (n. 2744).

São João Maria Vianney, o santo Cura d'Ars, dizia em suas catequeses: «Deus não tem necessidade de nós: se Ele nos pede que rezemos é porque deseja a nossa felicidade, e essa felicidade só pode ser encontrada na oração [...] A oração é toda a felicidade do homem. Quanto mais se reza, mais se quer rezar»[8].

Experimente, e verá.

---

(6) Sobre este tema, cf. o nosso *Para estar com Deus*.
(7) *A oração*, 30ª edição, Editora Santuário, Aparecida, 2014.
(8) A. Monnin, *Esprit du Curé d'Ars*, Paris, 1864, págs. 49-50.

31. Brilhe sobre nós a luz da tua face

*Levantai para ele o vosso olhar,
e vos encherá de luz.*

Salmo 34, 6.

*Envia a tua luz e a tua verdade;
que elas me guiem e me conduzam.*

Salmo 43, 3

*Deus tenha piedade de nós e nos abençoe,
faça brilhar sobre nós a sua face.*

Salmo 67, 2

Faze brilhar sobre nós a tua face

Concede-nos, Senhor, a certeza de que existes, de que estás voltado para nós, de que envolves o nosso coração e a nossa vida com o calor da tua bondade e do teu olhar paterno!

Há momentos, quando o caminho se torna mais escuro, em que nos faz muita falta ter um rosto paterno, e materno, no qual possamos encostar o nosso, um peito acolhedor sobre o qual posamos reclinar a nossa cabeça, como fez São João na noite da Última Ceia, quando Jesus anunciava a sua morte (cf. Jo 13, 25).

O aconchego de Deus – *a luz da sua face* – acalma. É o que experimentamos quando, nos dias mais turbulentos, conseguimos fazer um pouco de oração, de conversa calma a sós com Deus, sem barulho nem interferências.

Pouco tempo antes de se encaminhar para a Paixão, Jesus permitiu que três dos seus Apóstolos, os de maior confiança, contemplassem nEle, fascinados, o *resplendor da face* de Deus.

Jesus tomou consigo Pedro, Tiago e seu irmão João, e os levou para um lugar à parte, em um alto monte. E ali foi transfigurado diante deles. O seu rosto resplandeceu como o sol e as suas vestes tornaram-se alvas como a luz (Mt 17, 1-2). Apareceram, então, duas figuras-símbolo do Antigo Testamento: Moisés (a Lei) e Elias (os Profetas), que falavam com Ele *da sua morte, que ia dar-se em Jerusalém* (Lc 9, 31).

Empolgado por esse resplendor divino, Pedro exclamou: *Mestre, como é bom ficarmos aqui. Façamos três tendas: uma para ti, outra para Moisés e outra para Elias* (Lc 9, 33). Queria acampar, eternizar aqueles momentos de arroubamento e paz.

Mas o encanto durou pouco. Jesus desceu logo do monte e retornaram à vida normal, com suas alegrias e suas dificuldades, seus sucessos e frustrações, seus acertos e seus erros. Foi então que Jesus anunciou-lhes pela segunda vez a sua Paixão e Morte. Mas eles nada entenderam e *ficaram muito tristes* (Mt 17, 22-23).

Nosso Senhor pede-nos a intimidade da oração. Mas a autêntica oração (diálogo de amor) não é uma fuga; ao contrário, é um grande meio para crescer na fé e, assim, podermos ver e cumprir melhor a vontade de Deus. Isso, porém, sem a *cruz de cada dia*, é impossível. Vida cristã sem cruz é como uma águia sem asas.

Os bons tempos de oração, certamente, são repousantes, mas, acima de tudo, devem ser «reconfortantes»: ou seja, neles devemos «recarregar» *forças* e tomar decisões firmes, ao mesmo tempo que pedimos ao Espírito Santo que nos infunda o dom da fortaleza. Deus nos consola, sim, mas é para nos fortificar. Na oração, o que o Espírito Santo faz em nós e por nós é muito mais importante do que o que nós fazemos por nós mesmos.

31. BRILHE SOBRE NÓS A LUZ DA TUA FACE

Numa homilia sobre a Transfiguração, o Papa São Leão Magno (século V), dizia: «A transfiguração tinha como fim principal afastar do coração dos discípulos o escândalo da cruz, para que a ignomínia da Paixão, voluntariamente suportada por Cristo, não lhes abalasse a fé»[1].

Envia a tua luz e a tua verdade; que elas me guiem e me conduzam

O salmo nos lembra que toda a luz vem de Deus: desde a luz da Criação (*Faça-se a luz:* Gn 1, 3) até a luz do fundo da alma.

Peçamos concretamente a luz da *transfiguração*, que nos faça ver o que o mundo não pode enxergar: o valor da cruz, do sacrifício, da renúncia e do sofrimento, quando abraçados por amor a Deus e ao próximo. Peçamos que, na nossa ascensão pelo caminho da santidade cristã, o *escândalo da Cruz* (1 Cor 1, 23) não nos derrube antes de chegarmos ao termo da estrada da vida.

A palavra «escândalo» (*skándalon*), que São Paulo utiliza, significa literalmente «pedra de tropeço». Na vida, há muitas pedras em que podemos tropeçar e cair no meio caminho. Peçamos a Jesus que nós mesmos não sejamos essa pedra de fracasso, pela nossa covardia e o nosso comodismo.

Para reforçar o nosso propósito, meditemos devagar estas três breves frases de São Josemaria:

– «O caminho do Amor chama-se Sacrifício».
– «O amor saboroso, que torna feliz a alma, está baseado na dor: não é possível amor sem renúncia».
– «Ter a Cruz é ter a alegria: é ter-te a Ti, Senhor!»[2]

---

(1) *Sermão* 51, 3-4.
(2) *Forja*, ns. 768, 760, 766.

Se compreendermos essa mensagem, que provém da entranha do Evangelho, nos prepararemos para que, ao chegarmos à estação terminal da vida, possam ser aplicadas a nós estas palavras de Jesus: *Então os justos brilharão como o sol no Reino de seu Pai* (Mt 13, 43).

32. Dilataste o meu coração

Deste-me o teu escudo salvador,
a tua direita me sustém,
multiplicas sobre mim a tua bondade.
Fizeste-me avançar a largos passos,
e não vacilaram os meus pés.

Salmo 18, 36-37

Corro pelo caminho dos teus mandamentos,
porque dilataste o meu coração.

Salmo 119, 32

O tamanho do coração

Já meditamos sobre o que significa, na linguagem bíblica, o «coração». É o núcleo central da nossa alma, como o manancial de onde surge tudo: intenções, pensamentos, desejos, planos, sonhos...

Se nos perguntassem «Qual é o tamanho do teu coração?», provavelmente ficaríamos perplexos, e responderíamos: «O quê?». Mas, se a pergunta fosse «Você tem um coração grande o ou um coração pequeno?», ficaríamos pensativos. E com toda a razão. Porque o «sensor de sinceridade» da nossa alma nos faria ver em nós uma porção de mesquinharias, de pensamentos e desejos acanhados, miseráveis e estreitos. E ficaríamos envergonhados.

O que encolhe o coração?

Fundamentalmente é a recusa de levar «mais longe» a nossa capacidade infinita de amar: de amar a Deus e de amar ao próximo. Quando pensamos em uma maior doação de nós mesmos, em sacrifícios mais custosos, em ajudas e atos de serviço generosos, em ideais difíceis, muitas vezes achamos que isso é exagero, loucura; e talvez julguemos que os que tentam praticar tais coisas «grandes» são ingênuos ou fanáticos.

Deste modo vai aumentando no mundo o incontável número dos medíocres; e vai se espalhando um conceito de «normalidade» que se identifica com a moleza, o aburguesamento e o mais reles egoísmo.

Jesus retrata bem essa mediocridade na revelação que fez a São João na ilha de Patmos, ou seja, no Apocalipse. Ao ler suas palavras, perguntemos se, porventura, não quer dizer também a nós as mesmas coisas:

Conheço tua conduta: tens fama de estar vivo, mas estás morto. Vigia! Reaviva o que te resta, e que estava para morrer! Pois não acho plenas as tuas obras aos olhos do meu Deus. [...]

Conheço a tua conduta. Não és frio, nem quente. Oxalá fosses frio ou quente! Mas porque és morno, nem frio nem quente, estou para vomitar-te da minha boca (Ap 3, 2.15-16).

Com essas expressões enérgicas, Cristo retrata a *tibieza*, a doença espiritual da alma morna, que se satisfaz com o mínimo obrigatório, e até acha muitas vezes desculpas para deixar de fazê-lo: para descuidar a oração diária, a Missa aos domingos e dias de guarda, a Confissão e a Comunhão frequentes, etc.

Se notamos em nós, nem que seja só um pouco, esse encolhimento do coração, peçamos com palavras do Salmo: *Meu Deus, dilata o meu coração!*

O coração grande

Você sabe o que é a bela virtude da *magnanimidade*? Seu nome diz tudo: alma grande, *magna*. «A magnanimidade, que se chama também grandeza de alma e nobreza de caráter, é uma disposição nobre e generosa para empreender coisas grandes por Deus e pelo próximo»[1].

É a virtude da alma que não se conforma com vegetar numa vida sem grandeza, carente de um ideal elevado pelo qual valha a pena lutar, amar e sofrer. «O magnânimo», diz São Tomás, «tende para o que é grande... É natural que se aparte das coisas imperfeitas»[2].

«Mas é inevitável sermos imperfeitos», você dirá. E eu lhe direi que sim, que até os maiores santos – com exceção da Virgem Santíssima – tiveram e têm imperfeições. Mas há dois tipos de imperfeição: a involuntária, fruto das limitações da condição humana; e a voluntária, própria de quem diz: «Para mim chega, sinto-me bem assim; não sou nem pretendo ser santo».

Acontece que Deus não pensa igual a você. Escute Jesus: *Sede perfeitos como o vosso Pai celeste é perfeito* (Mt 5, 48). E releia São Paulo: *Esta é a vontade de Deus: que sejais santos* (1 Ts 4, 3).

Só quando compreendemos a grandeza da nossa vocação cristã é que entendemos o valor da magnanimidade. Penso que nos ajudará a vê-la melhor a meditação das seguintes palavras de São Josemaria:

> Magnanimidade: ânimo grande, alma ampla, onde cabem muitos. É a força que nos move a sair de nós mesmos, a fim de nos prepararmos para empreender obras valiosas, em benefício de todos. No homem magnânimo, não se alberga

---

(1) A. Tanquerey, *Compêndio de Teologia ascética e mística*, Cultor de Livros, São Paulo, n. 1083.
(2) *Suma Teológica*, II-II, q.129, a.4.

a mesquinhez; não se interpõe a sovinice, nem o cálculo egoísta, nem a trapaça interesseira. O magnânimo dedica sem reservas as suas forças ao que vale a pena. Por isso é capaz de se entregar a si mesmo. Não se conforma com dar: *dá-se*. E assim consegue entender qual é a maior prova de magnanimidade; dar-se a Deus[3].

Em 1974, São Josemaria esteve no Brasil, convivendo com seus filhos do Opus Dei durante quinze dias e participando de reuniões de catequese com milhares de pessoas. Sua palavra vibrante, impregnada do calor e da luz de Deus, atingiu os corações da maioria dos que o viram e ouviram. Para muitos deles, as perspectivas da vida mudaram, e decidiram ter uma relação mais íntima e generosa com Deus; e assumir ideais práticos de serviço e apostolado «no Brasil e a partir do Brasil».

Como manifestação de gratidão a São Josemaria e testemunho de que a sua dedicação incansável não tinha sido estéril em nós, fez-se aqui um «reposteiro» decorado com pirogravuras. Bem no centro inscreveram-se, artisticamente emolduradas, as palavras do Salmo 119 que agora estivemos meditando: *Dilatasti cor meum*, dilataste o meu coração[4].

Peçamos agora a Deus que, com a sua graça, dilate cada vez mais o nosso[5].

---

(3) *Amigos de Deus*, n. 80.
(4) Cf. o nosso livro *São Josemaria Escrivá no Brasil*, 3ª edição, Quadrante, São Paulo, 2017.
(5) Sobre esse tema, cf. Rafael Llano Cifuentes, *Grandeza de coração*, 3ª edição, Quadrante, São Paulo, 2017.

33. Meu coração está pronto

Meu coração está pronto, ó Deus,
meu coração está pronto.

Salmo 57, 8

O salmista recorre a Deus num momento em que sofre uma dura perseguição. Sente-se como que cercado *entre leões que devoram a gente: seus dentes são lanças e flechas; sua língua espada afiada* (Sl 57, 5). Mas, apesar disso, não se abala, não perde a confiança no *Deus que me faz o bem* (v. 3). Junto do Senhor e contando com Ele, seu coração se mantém pronto para superar qualquer tribulação e continuar a fazer com alegria o que Deus espera dele: *Eu te louvarei entre os povos... porque tua bondade é grande até o céu, e tua fidelidade até as nuvens* (vv. 10-11).

Todo aquele que quiser viver o ideal cristão terá que enfrentar, com confiança em Deus, oposições, resistências, medos, cansaços e tentações: obstáculos que podem anular o ânimo e a energia. A covardia que inibe perante as dificuldades é a autodefesa do fraco, que nela se refugia para não enfrentar os sacrifícios que o cumprimento da vontade de Deus lhe pede.

Meu coração está pronto para quê?

Infelizmente, muitos parece que só têm o coração pronto para duas coisas:

– para reclamar do que os contraria;
– para dizer, mesmo sem palavras: Eu confiarei em Deus desde que Ele faça a minha vontade, desde que me conceda o que eu quero e elimine o que não quero.

Um coração assim «não está pronto» para nada que valha a pena. Refugiou-se dentro da bolha do seu egoísmo, onde a confiança em Deus e na graça não têm espaço.

O Evangelho simboliza esses corações que *não estão prontos* na figura dos convidados da parábola que apresenta o Senhor como um homem que preparou um grande banquete e convidou muitos: *Vinde, tudo está preparado! Mas todos, um a um, começaram a dar desculpas.* Todos colocaram seus interesses (preocupação por um campo, por umas parelhas de bois...) acima do chamado de Deus. A parábola termina com palavras duras: *Eu vos digo: nenhum daqueles que foram convidados provará do meu banquete* (Lc 14, 16-24).

A alegria dos corações prontos

Quer ver o que é um coração pronto? Estou escrevendo este capítulo, que é o último deste livro, nos dias de Natal, e a resposta me surge imediata: Contemple as figuras do Presépio! Cada uma delas é um «coração pronto».

Maria, em primeiro lugar. No dia da Anunciação, a mensagem do anjo Gabriel a deixou *perturbada*: *Conceberás e darás à luz um filho... Ele será grande, será chamado Filho do Altíssimo... e o seu reino não terá fim* (cf. Lc 1, 29-33).

Era para tremer de medo. Maria, uma menina muito nova,

33. MEU CORAÇÃO ESTÁ PRONTO

com planos de vida simples já traçados, vê tudo modificado por Deus. No entanto, assim que capta o que Deus lhe fala, ela se dispõe a trocar seus sonhos pelos de Deus. Só pergunta como poderá realizá-los: *Como se fará isso?* O anjo a esclarece, mostrando-lhe que para Deus nada é impossível e que o milagre de conceber sem alterar sua consagração virginal se realizará por intervenção direta do Espírito Santo.

A sua resposta consiste em dizer logo «sim, meu coração está pronto». E o faz com palavras que nunca meditaremos suficientemente: *Eis aqui a escrava do Senhor. Faça-se em mim segundo a tua palavra* (Lc 1, 28.39-38).

Depois, *José*. Você sabe quanto ele sofreu diante do enigma da concepção virginal de Maria! Mas Deus não o abandonou à sua angústia. Um anjo lhe falou em sonhos: *José, filho de Davi, não tenhas receio de receber Maria, tua esposa; o que nela foi gerado vem do Espírito Santo. Ela dará à luz um filho, e tu lhe porás o nome de Jesus, pois ele vai salvar o seu povo dos seus pecados.*

José respondeu «meu coração está pronto», não com palavras, mas com obras. Após receber a mensagem, imediatamente, sem esperar um só dia, acolheu Maria sua esposa, com infinito amor e veneração, e assumiu a custódia da mãe e do filho com uma fidelidade que durou até a sua morte. Não hesitou, não discutiu, não reclamou. Disse «sim», e basta. *Quando acordou, José fez conforme o anjo do Senhor tinha mandado* (Mt 1, 19-24).

Comove pensar que José «sempre» fez assim. Veja uma amostra da sua «biografia». Quando estourou a perseguição de Herodes contra Jesus menino, *o anjo do Senhor apareceu em sonho a José e lhe disse: Levanta-te, toma o menino e sua mãe e foge para o Egito». Ele se levantou durante a noite, tomou o menino e a mãe, e partiu para o Egito* (Mt 2, 13-14). Como da outra vez, no mesmo instante em que conheceu o que Deus queria, se dispôs a cumprir a vontade de Deus de todo o coração.

Um anjo do Senhor também anunciou o nascimento de Cristo aos *pastores: Eu vos anuncio uma grande alegria, que será para todo o povo: hoje, na cidade de Davi* [Belém], *nasceu para vós o Salvador, que é o Cristo Senhor.*

O anjo deu-lhes um sinal que não parecia nada condizente com a grandeza do Messias, do Rei de Israel: *Isto vos servirá de sinal: encontrareis um recém-nascido, envolto em faixas e deitado numa manjedoura.*

Teria sido lógico que perante esse estranho anúncio, lhes viessem dúvidas, e surgissem debates, divisão de opiniões... O Evangelho não fala nada disso, mostra apenas a beleza dos corações prontos: *Vamos a Belém, para ver o que aconteceu e que o Senhor nos comunicou. E encontraram Maria e José, e o recém-nascido deitado na manjedoura.* Viram, adoraram e regressaram *louvando e glorificando a Deus* (Lc 2, 9-20).

Os *magos* são mais um exemplo comovedor de *coração pronto*. Homens da corte real que estudavam os astros, um dia viram brilhar uma estrela singular, inexplicável. Indagaram, estudaram, consultaram livros e sábios, e chegaram à conclusão de que só podia ser a estrela profetizada havia séculos para anunciar o nascimento de um Salvador, rei de Israel (cf. Nm 24, 5-17).

Com uma simplicidade semelhante à de Maria e de José, eles sentiram-se chamados por Deus, e não hesitaram. Lançaram-se à procura do Salvador enfrentando longos dias, semanas e meses, dificuldades, hostilidade e fadiga, mas não permitiram que nada nem ninguém os afastasse do «sim» pronunciado por seu coração pronto.

Após perigos e vicissitudes sem conta, o fulgor da estrela reapareceu e assinalou o lugar onde Jesus se achava. *Ao observarem a estrela, os magos sentiram uma enorme alegria. Quando entraram na casa, viram o menino com Maria sua mãe. Ajoelharam-se diante dele e o adoraram. Depois abriram seus cofres e lhes ofereceram presentes: ouro, incenso e mirra* (cf. Mt 2, 1-16)[1].

---

(1) Sobre esse tema, cf. o nosso *Procurar, encontrar e amar a Cristo*, Cultor de Livros, São Paulo, 2018, págs. 17-56.

33. MEU CORAÇÃO ESTÁ PRONTO

Esses exemplos relacionados com o nascimento do Salvador têm um denominador comum. Todos os protagonistas – os personagens do presépio – precisaram de fé e coragem, pois as suas decisões e atitudes não foram nada fáceis. Ao mesmo tempo, esses corações confiantes ficaram cheios de paz.

Lembre-se de que a mensagem dos anjos aos pastores promete *paz na terra aos homens de boa vontade* (Lc 2, 14).

Quem são esses homens e mulheres de *boa vontade*? Bento XVI, na homilia da noite de Natal de 2005 respondia: são almas que «estavam dispostas a ouvir a palavra de Deus. Sua vida não estava fechada em si mesma; tinham um coração aberto. De algum modo, no mais íntimo do ser, estavam esperando algo. Tinham disponibilidade para escutar e disponibilidade para começar a caminhar; era uma espera da luz que lhes indicasse o caminho».

Você percebe que o coração que se fecha em si mesmo permanece na noite. Pobre coração trancado no seu quarto escuro! Com quanta clareza Bento XVI caracteriza as almas abertas, os corações prontos, dizendo que são como Maria, José, os pastores e os magos: têm disponibilidade para ouvir a Deus, e começar logo a caminhar. Nisso consiste a «boa vontade».

Dante Alighieri, na *Divina Comédia*, tem um verso maravilhoso. Fala de Deus e diz: *E'n la sua volontade è nostra pace* – «Na sua vontade está a nossa paz».

Todos os santos e homens de Deus descobriram essa verdade e acharam nela a sua alegria. Permita-me encerrar este último capítulo com citações de um papa e de um santo canonizado, que oferecem matéria para muita meditação:

Bento XVI:

> A história do amor entre Deus e o homem consiste precisamente no fato de que esta comunhão de vontade cresce em comunhão de pensamento e de sentimento e, assim, o nosso querer e a vontade de Deus coincidem cada vez mais: a vontade de Deus deixa de ser para mim uma vontade es-

tranha que me impõem de fora os mandamentos, mas é a minha própria vontade, baseada na experiência de que realmente Deus é mais íntimo a mim mesmo de quanto o seja eu próprio. Cresce então o abandono em Deus, e Deus torna-se a nossa alegria[2].

São Josemaria Escrivá:

> O abandono à Vontade de Deus é o segredo para sermos felizes na terra[3].
> Jesus, o que Tu «quiseres»..., eu o amo[4].

E, falando da Virgem Maria:

> É isso o que explica a vida de Maria: o seu amor. Um amor levado até ao extremo, até ao esquecimento completo de si mesma, feliz de estar onde Deus a quer, cumprindo com esmero a vontade divina. Isso é o que faz com que o menor dos seus gestos não seja nunca banal, mas cheio de conteúdo. Maria, nossa Mãe, é para nós exemplo e caminho. Temos de procurar ser como Ela, nas circunstâncias concretas em que Deus quis que vivêssemos[5].

Que ela nos ensine a dizer, no mesmo diapasão dela: *Meu coração está pronto, ó Deus, meu coração está pronto!*

---

(2) Encíclica *Deus caritas est*, n. 17.
(3) *Caminho*, n. 766.
(4) *Idem*, n. 773.
(5) *É Cristo que passa*, n. 148.

Direção geral
Renata Ferlin Sugai

Direção editorial
Hugo Langone

Produção editorial
Juliana Amato
Gabriela Haeitmann
Ronaldo Vasconcelos
Roberto Martins

Capa
Gabriela Haeitmann

Diagramação
Sérgio Ramalho

ESTE LIVRO ACABOU DE SE IMPRIMIR
A 19 DE MARÇO DE 2024,
EM PAPEL PÓLEN BOLD 90 g/m².